DER SCHWIERIGE

DER SCHWERIOS.

HUGO VON HOFMANNSTHAL

DER SCHWIERIGE

EDITED BY

W. E. YATES

CAMBRIDGE
AT THE UNIVERSITY PRESS
1966

PUBLISHED BY
THE SYNDICS OF THE CAMBRIDGE UNIVERSITY PRESS

Bentley House, 200 Euston Road, London, N.W. 1
American Branch: 32 East 57th Street, New York, N.Y. 10022
West African Office: P.M.B. 5181, Ibadan, Nigeria

Introduction and Notes

©

CAMBRIDGE UNIVERSITY PRESS

1966

Printed in Great Britain at the University Printing House, Cambridge
(Brooke Crutchley, University Printer)

LIBRARY OF CONGRESS CATALOGUE
CARD NUMBER: 66-10068

CONTENTS

INTRODUCTION

HOFMANNSTHAL'S LIFE

Hugo von Hofmannsthal was born in Vienna in 1874, the son of a prominent Viennese banker. His poetic talent matured early, and his lyrical poems began to be published under the pseudonym 'Loris' (or 'Loris Melikow') when he was only a schoolboy of sixteen. In 1891 he was introduced into the literary circle in the Café Griensteidl, the famous *Literatencafé* which was situated on the Michaelerplatz, at what is now the corner of the Herrengasse and the Schauflergasse, only a few yards away from the Hofburg; this coffee-house was, until its closure in 1897, the regular meeting-place of the *Jung-Wien* group of impressionist writers. The group centred around the ebullient essayist, critic, novelist and dramatist Hermann Bahr (1863–1934) and included several other prominent men of letters, among them the playwright, novelist and physician Arthur Schnitzler (1862–1931).

In 1892 Hofmannsthal enrolled as a student at Vienna University, where he read law and Romance philology; he was awarded his doctorate in 1899 for a dissertation on the language of the Pléiade poets. In 1901 he submitted a *Habilitationsschrift* on Victor Hugo, but his application for acceptance as a university teacher was not immediately approved, and he withdrew it later in 1901, giving as his reason 'eine ernste Nervenkrankheit'. This nervous crisis had coincided with a turning-point in his literary development, the end of what he later described as the first stage in his work, the 'erste vorwiegend lyrische Epoche'.

The year 1901 was a turning-point in Hofmannsthal's life in another respect also; for in June he married Gerty Schlesinger, the daughter of the Generalsekretär of the Anglo-Österreichische Bank. Thirty-five years later Hofmannsthal

Twenty-five[1]

wrote to his friend Carl J. Burckhardt that he could not imagine life without marriage, which he described as sacred, 'wahrhaft das Sakrament', adding the parenthetic comment: 'Es ist alles was ich davon denke in meinen Lustspielen ge-sagt...'[1]

A month after the wedding Hofmannsthal and his bride moved into the eighteenth-century house in Rodaun, a village south-west of Vienna, which was to be Hofmannsthal's home for the rest of his life. He travelled occasionally to vari-ous parts of Germany and Western Europe, and the summers he usually spent in the Salzkammergut; but it was in Rodaun that his life centred. Here his three children were brought up; and here, having finally abandoned the idea of an academic career, he devoted himself to his literary work. This no longer included the writing of lyrical poetry; the most important feature of his work during the period from 1902 to 1914 was his growing interest in the theatre and his concentration on dramatic writing. It was in this period that his remarkable collaboration with the composer Richard Strauss began.

During the Great War he worked under the aegis of the Austrian War Ministry, his activities including intelligence work and also the writing of a number of political and patriotic essays. The collapse of the historic Austrian monarchy at the end of the war meant for Hofmannsthal the disintegration of a uniquely cosmopolitan empire which he held in traditionalist affection and in which he felt his spiritual roots to lie. After the war he suffered from a constant deep concern at the ap-parent submergence of all the spiritual and moral values which he believed in and had upheld. The dangerous power which he saw wielded in postwar Europe by (materialist) forces of disruption is represented, in his morality *Das Salzburger große Welttheater* (1922), by the role of the rebellious beggar; and his fears for the future are reflected in the tragic ending of the last version of his drama *Der Turm* (1927), in which the

[1] Letter dated 10 Sept. 1926.

brutal Olivier is left the undisputed master of the field, a tyrannical victor over the forces of spiritual purity and integrity as represented in the play by the figure of Sigismund. *influence of La Vida e Sueño.*

Hofmannsthal died of a stroke in 1929, only two days after his elder son had committed suicide. He was buried, as he had requested, in the habit of a Franciscan monastic order—a last testimony to the Roman Catholic faith which he had professed throughout his life.

HOFMANNSTHAL'S LITERARY DEVELOPMENT

The Vienna in which Hofmannsthal was born and grew up was a capital caught up in the frivolity of the operetta age. The prevailing mood of the time was one of easy-going apathy, which tended inevitably to induce in aspiring young serious artists a sense of heightened isolation, thereby fostering indulgence in *fin-de-siècle* aestheticism. Moreover, at every level of artistic activity, the period in which Hofmannsthal spent his youth—'für jeden produktiven Menschen das entscheidende Alter', as he himself observed in another context—was, in the worst sense, in Vienna as elsewhere, an age of eclecticism; Hermann Broch illustrates this point suggestively by arguing that the essential artistic temper of the period may be seen in the characteristic 'Un-Stil' of its architecture.

The charge of derivative eclecticism is one that has often been levelled against Hofmannsthal's work, not least by the Viennese satirist Karl Kraus, who, barely three months younger than Hofmannsthal, was consistently one of his most stringent critics. Bahr extolled Loris's work with extravagant praise; Kraus found Bahr's critical pontifications tasteless and Hofmannsthal's verse pretentious. But the criticism which in later years Hofmannsthal himself levelled against his early 'predominantly lyrical' work was that it was written wholly within the solipsistic isolation which is concomitant with aestheticism. He was not guilty of a posturing *culte du moi*; but the mood of his early verse (which formed part of a wide-spread neo-romantic reaction against the realist and naturalist movements of the late nineteenth century) might be epitomized by citing the title of one of his poems, *Ein Traum von großer Magie*: the poet seems apart from the actuality of real life, his vision of the world is dream-like. His words are—to borrow an expression from the 1894 poem *Weltgeheimnis*—'Zauberworte': he has magical control over their music, they express his magical sense of communion with a whole world of experience and beauty transcending the world of the senses, transcending individuality:

> Durch diese Landschaft ging er langsam hin
> Und fühlte ihre Macht und wußte — daß
> Auf ihn die Weltgeschicke sich bezogen.
> (*Der Jüngling in der Landschaft*, 1895–6)

Reviewing his development in his self-analytical notes *Ad me ipsum*, which were written from 1916 onwards, Hofmannsthal wrote of the 'frühe Weisheit' of his early period, to which he gave the name *Praeexistenz*; he referred to the 'magic' quality of his art, defining 'die magische Herrschaft über das Wort das Bild das Zeichen' as characteristic of *Praeexistenz*. But while he recognized that his early work showed prodigious precocity, he also perceived that the apparent maturity of his art was limited to the extraordinary ease of his technical command of language and poetic form. His intuitive 'frühe Weisheit' was not founded upon real experience; he lacked the true maturity which recognizes the importance of the individual's moral responsibility in society.

Even during the years when he was writing his lyrical poems, Hofmannsthal was keenly aware of the dangerous inadequacy of aestheticism; and the limitations of the aesthete's life and experience are illustrated in the short 'lyrical dramas', the central figures in which are themselves young aesthetes: Andrea in *Gestern* (1891), the artists in *Der Tod des Tizian*

4

(1892), Claudio in *Der Tor und der Tod* (1893). It is Claudio who defines his aim in the line 'Gebunden werden — ja! — und kräftig binden': he determines to 'attach himself' anew to life, that is, to recover his commitment to the fulness of life beyond the confines of his luxurious isolation.

> Ich will die Treue lernen, die der Halt *Loyalty*
> Von allem Leben ist...

As Hofmannsthal wrote in *Ad me ipsum*, 'In dieser Zeile in "Tor und Tod" war das Entscheidende ausgesprochen': Claudio's resolution summarizes Hofmannsthal's rejection of art for art's sake and of the doctrine that 'no artist has ethical sympathies', as Oscar Wilde expressed it in the preface to his novel *The Picture of Dorian Gray* (1891). For 'Treue' involves ethical commitment and responsibility; and the importance Hofmannsthal placed on it may be gauged from another note in *Ad me ipsum*, which affirms the 'Identität von Treue und Schicksal'. By 'Schicksal' is meant full humanity, the mature achievement of *Existenz* as opposed to *Praeexistenz*; and on this contrast is founded the constant central problem of Hofmannsthal's work, that of the winning-through from the immaturity of *Praeexistenz* and the establishment of a valid ethical commitment to life beyond the solipsism of aesthetic isolation: 'Verknüpfung mit dem Leben. Durchdringen von der Praeexistenz zur Existenz.' Hofmannsthal's abstract formulations of the problem are, perhaps, cryptic, but the problem itself is neither theoretical nor esoteric. For it not only reflects Hofmannsthal's own experience as an artist; it also concerns a fundamental part of human life: the moral development of the individual. This development Hofmannsthal presents as an existential necessity, and the theme of the 'Weg zum Leben' or the 'Weg zum höheren Selbst' became the principal connecting thread in his work.

Moreover, his own abandoning of aestheticism, his pursuit of the 'Weg zum Leben' as a writer, was of decisive influence on the way in which his work developed. For development out of his aesthetic *Praeexistenz* as a poet involved abandoning the 'Wort-Magie' of his early poems; as he wrote in *Ad me ipsum*, 'Die magische Herrschaft über das Wort das Bild das Zeichen darf nicht aus der Prae-existenz in die Existenz hinübergenommen werden.' There resulted a crisis of style, which is described retrospectively in the most famous of his essays, *Ein Brief*, a work which was published in 1902 and purports to be a letter written by a 26-year-old Elizabethan nobleman, Lord Chandos. This fictional letter contains Hofmannsthal's clearest expression of his difficulties concerning the use of language and in effect explains why he had ceased to write lyrical verse. For in Chandos' loss of the capacity 'über irgend etwas zusammenhängend zu denken oder zu sprechen' is reflected Hofmannsthal's own predicament: whereas in the confident, dream-like unreality of *Praeexistenz* the poet commands words with 'magical' fluency, once he passes beyond that stage conceptual language seems wholly inadequate to describe with precision any of the more important or more intimate facts of experience, and what the poet—like the imaginary Chandos—faces is what in *Ad me ipsum* Hofmannsthal called 'der Anstand des Schweigens'.

Furthermore, the very form of the 'lyrical dramas' he had written in the 1890's now appeared insufficiently dramatic, inadequate for the presentation of the conflicts of real life. What Hofmannsthal was later to describe as the second stage of his artistic development was a period of searching, of exploring new dramatic forms: this was the period in which he wrote his dramas on Greek subjects, *Elektra* (1904) and *Ödipus und die Sphinx* (1906). He dated the third stage of his development from about 1907, and associated it with his adoption of forms that were long established in Austrian theatrical tradition. In April 1921 he wrote out for Max Pirker (a critic and historian of the theatre, who was planning a study 'Hofmannsthal als Theaterdichter') a brief analytical sketch of his

6

own development; and in this he wrote of 'die dritte Epoche, worin die Erfüllung traditioneller theatralischer Forderung deutlich als Ziel hervortritt'.

Hofmannsthal's literary activity was, throughout his life, diverse. From 1899 he had been a regular contributor of essays to the *Neue Freie Presse* in Vienna; during the 'first stage' of his development he had written a number of prose stories, and he was already a prolific writer of personal letters. All these activities he maintained after the so-called *Chandos-Krise*, and his later work also included a fragmentary novel, *Andreas*. But his principal literary aspirations and activities were now centred on dramatic writing and on the theatre. In 1909 he completed his first prose comedy, *Cristinas Heimreise*; and towards the end of the Great War and immediately after it he was instrumental, with the producer Max Reinhardt and others, in founding the Salzburg Festival. Among his colleagues in this enterprise was Richard Strauss, with whom he had already closely collaborated on three major operas: *Der Rosenkavalier* (1910), *Ariadne auf Naxos* (1912, revised 1916) and *Die Frau ohne Schatten* (1919). The morality play *Jedermann* (1911) became a central feature of the Festival; in 1922 Hofmannsthal completed a further morality, *Das Salzburger große Welttheater*, and much of the last decade of his life was devoted to working on the three versions of his tragedy *Der Turm*, which is based on material borrowed from Calderón's *La vida es sueño*. These works, together with his activity as an essayist and anthologist, represent the extent of Hofmannsthal's own committed development away from aestheticism; and as an artistic theme the possibility of development is treated in his libretti and prose comedies. In the words of the letter to Max Pirker, 'Er kann nicht umhin, seine dichterische Subjektivität zu behaupten, doch ordnet sich diese den Formen unter': he treats a theme peculiarly characteristic of his own artistic personality, but he does so in traditional dramatic forms. For the style of his comedies is closely related to that

7

of the *Konversationsstücke* cultivated by the Burgtheater in Vienna and represented most notably by the comedies of Eduard von Bauernfeld (1802–90).

THE 'KONVERSATIONSSTÜCK'

Bauernfeld's plays had been the accepted models of prose comedy in the Burgtheater throughout the second half of the nineteenth century. They are light society comedies, in which the action is set in salons and spas and the characters are members of the wealthy bourgeoisie and minor nobility. As the term *Konversationsstück* suggests, it was above all by the sparkling lightness of the dialogue that Bauernfeld's plays amused generations of theatre-goers in the Burgtheater, and even in works with (liberal) political overtones—*Großjährig* (1846), *Der kategorische Imperativ* (1851), *Aus der Gesellschaft* (1867)—he conformed to the style and manner of the *Konversationsstück*.

After the old Burgtheater on the Michaelerplatz had closed in 1888, only four of Bauernfeld's comedies continued to be performed in the new theatre on the Ringstraße: *Die Bekenntnisse* (1834), *Bürgerlich und Romantisch* (1835), *Krisen* (1852) and *Aus der Gesellschaft*; and in the early years of the twentieth century the need for a new Bauernfeld in Vienna was proclaimed by Hermann Bahr. Bauernfeld had described his early *Konversationsstücke* as 'leichtgeschürzte dramatische Erzeugnisse' with 'gefälliger Dialog' and 'gute Laune und Charakteristik'; Bahr later applied this description, 'Wort für Wort', to his own comedies, and cited *Das Tschaperl* (1897), *Wienerinnen* (1900) and *Das Konzert* (1909) as the plays in which he had adhered most closely to the tone of Bauernfeld's dialogue.[1] The comparison with Bauernfeld is, however, one that Bahr's plays cannot sustain: with the possible exception of *Das Konzert*, they lack the polished lightness and elegance which distinguish Bauernfeld's work. The true successor to

---

[1] Hermann Bahr, *Selbstbildnis* (Berlin, 1923), pp. 287, 85.

Bauernfeld was Arthur Schnitzler, a master of fluent and graceful dialogue, whose debt to the *Konversationsstücke* of the late nineteenth century was clearly recognized by Hofmannsthal; in 1922 he wrote:

> Schnitzlers Theaterstücke sind natürlich ebensosehr ein Produkt des Wiener Theaterlebens als sie ein wichtiger Teil davon sind. Aber sie hängen nur mit *einer* Seite desselben zusammen, mit dem Konversationsstück, wie es im Burgtheater, dem berühmten kaiserlichen Theater, das in einem Annex der kaiserlichen Burg selbst untergebracht war, gepflegt wurde. Gerade in den Dezennien zwischen 1860 und 1890, in die Schnitzlers Jugend — für jeden produktiven Menschen das entscheidende Alter — fällt, war das Konversationsstück an dieser Bühne auf seiner Höhe; ich meine, auf seiner schauspielerischen Höhe...

Hofmannsthal himself saw several of Bauernfeld's plays in performance, and he adhered closely to the form of the *Konversationsstück* in *Der Schwierige*, that 'so normales gewöhnlich aussehendes Stück', as he described it to Rudolf Borchardt in a letter of December 1921. Its setting is a salon, its tone—in the phrase which Hofmannsthal used to describe Bauernfeld's works—'eine liebenswürdige, anregende, soziable Konversation'.

One age-old theatrical convention to which both *Der Schwierige* and Bauernfeld's comedies conform is the convention that the happy ending should be provided by the union of lovers. Love is a traditional subject of comedy, and it is the principal subject of the comedies of Schnitzler, Bahr and Hofmannsthal. But their central characters are lovers of a special kind: we are presented with a series of philanderers, from Schnitzler's Anatol (*Anatol*, 1888–91) to Heink in Bahr's *Das Konzert*, Jaromir in Hofmannsthal's *Der Unbestechliche* (1923) and Max von Reisenberg in Schnitzler's *Komödie der Verführung* (1923), the impermanence of whose affairs is summarized by the singer Judith when she addresses him as 'Sie, der Sie niemals imstande wären, einer Frau etwas aufzuopfern, kein

Glück, ach, nicht einmal ein Vergnügen, das Ihnen von wo anders her winkte'. In the rich atmosphere beloved of the Impressionists, tinged with a decadent melancholy and scented with the oversweet fragrance of lilac blossom—the atmosphere of 'Goldlack und Jasmin und Flieder', in the words of Hofmannsthal's beautiful verse prologue to *Anatol*—Schnitzler's characters seek their happiness in 'Liebelei', the transience of which is characterized in the play *Liebelei* (1894) by Fritz's embarrassed warning to Christine: 'Von der Ewigkeit reden wir nicht.' Schnitzler's heroes are 'adventurers', whose motto is the Horatian *carpe diem*; as the Count in *Reigen* (1896–7) reflects, 'Sobald man sich nicht dem Moment hingibt, also an später denkt oder an früher...na, ist es doch gleich aus.' They are incapable of being bound to the faithfulness of marriage—incapable, indeed, of being 'tied down' (*gebunden*) to any responsible position in society. They are egoists; and this is true not only of philanderers such as Anatol or Max von Reisenberg but also of a doctor like Karl Eckold in *Stunde des Erkennens* (1915), with his suppressed 'Abenteurernatur', or a professor like Bernhardi (*Professor Bernhardi*, 1912), who prefers his own peace and quiet to the trouble of campaigning for a just cause.

Anatol has been well described as an 'aesthetic epicurean';[1] and the type of the aesthete or 'adventurer', uncommitted to the ethical responsibilities of life in society, is also central in Hofmannsthal's comedies. We meet the type in *Der Abenteurer und die Sängerin* (1899); it also forms the subject of Hofmannsthal's earliest lyrical dramas, and he later described *Gestern* (to Pirker) as the 'Embryo des poetisierten Gesellschaftslustspiels'. Florindo, the seducer of Cristina in *Cristinas Heimreise*, devotes himself to the pursuit of pleasure; and in *Der Rosenkavalier* Florindo's qualities, charm and unscrupulousness, are shared out between Octavian and Ochs, while the Marschallin's chamber, where the first act is set,

---

[1] Sol Liptzin, *Arthur Schnitzler* (New York, 1932), p. 27.

seems as much walled off from life outside as Titian's garden with its 'üppig blumendes Geranke' in *Der Tod des Tizian*. Hans Karl Bühl, 'der Schwierige', is himself a philanderer who is 'immer fasziniert von einem wirklich schönen Gesicht' (II, 14) and who has always remained uninvolved in close and lasting personal relationships: 'Ich bin so unstet, nichts kann mich fesseln,' he confesses to Helene Altenwyl, and she acknowledges: 'Alle haben Sie sie wahrhaft geliebt und alle wieder im Stich lassen. Die armen Frauen!...' (III, 8). He keeps himself as deliberately apart from his fellow men as does Sala in Schnitzler's *Der einsame Weg* (1903), be those fellow men the members of his own family who have to be announced when entering his study, be they the social acquaintances whom he would meet at the soirée to which he does not want to go, or be they the public figures engaged in the government of society, the members of the *Herrenhaus* to whom to the last he is unwilling to deliver a speech.

Though Hofmannsthal's comedies are akin to Schnitzler's in subject as well as in form, they contain a far more open and explicit moral condemnation of the irresponsibility of the 'adventuring' aesthete. Cristina learns: 'Gut ist die Ehe', and she marries Tomaso, 'ein Mann von Ausdauer'. Jaromir is taught the lesson of faithfulness to his wife. And whereas Sala approaches marriage with a version of Fritz's weak 'Von der Ewigkeit reden wir nicht', proposing a transient, almost tentative union with Johanna ('Du sollst deswegen nicht für alle Zeit an mich gebunden sein. Wenn wir wieder zurückkommen, können wir einander Lebwohl sagen — ohne weiteres'), Hans Karl is committed to an explicitly 'binding' marriage with Helene. In upholding the 'higher necessity' of self-commitment to 'Dauer' and 'Beständigkeit' in marriage, 'das Institut, das aus dem Zufälligen und Unreinen das Notwendige, das Bleibende und das Gültige macht' (II, 10), *Der Schwierige* illustrates very clearly Hofmannsthal's answer to the flaccid amorality of the 'aesthetic epicurean'.

THE GENESIS AND REVISION OF 'DER SCHWIERIGE'

Hofmannsthal's earliest plans for *Der Schwierige* were drafted in 1908, and he made several more detailed notes in 1910. Even at this early stage the final outcome of the play was clear: it was in marriage that Hans Karl was to find the 'cure' (*Kur*) for his 'difficulty'.

The composition of *Der Schwierige* did not begin in earnest until 1917, but in the meantime Hofmannsthal began and (in 1916) completed *Die Lästigen*, an adaptation of Molière's 'comédie-ballet' *Les Fâcheux*; and this one-act play ('wovon außer dem Titel keine Zeile von Molière war', as Hofmannsthal wrote to Strauss in June 1916) seems to have served him as a workshop in which to try out a number of ideas and motifs which recur in *Der Schwierige*. For example, Helianth's glib talk about nuances, delivered with a bold *insouciance* fit only to kill nuance, introduces in embryonic form one of the main themes of the later comedy. Moreover, the central character of *Die Lästigen*, Alcest, is—like Hans Karl—'schwierig', and Orphise explicitly ascribes to herself the role which Helene Altenwyl takes on in *Der Schwierige*:

> ORPHISE Was für Unterschiede Sie machen, Alcest. Sie sind schwierig.
>
> ALCEST Wissen Sie das erst seit heute?
>
> ORPHISE (*lacht*) Nein, wahrhaftig nicht.
>
> ALCEST Und Sie bedauern diesen Zustand?
>
> ORPHISE Wenn ich ihn bedauern würde, würde ich dann nicht die Mühe scheuen, die Schwierigkeiten Ihres Charakters mit den Notwendigkeiten der Existenz und der Menschen überein-zubringen — nur um mir Ihre Gesellschaft zu erhalten?...
>
> (*Die Lästigen*, sc. 1)

The plot of *Die Lästigen* is slight: Orphise and Alcest are continually kept apart by the garrulous attentions of other people. But what is 'lästig' about those other people is not least what Orphise calls 'ihre Besessenheit, von sich selbst zu reden'—their self-centredness, the quality which in *Der Schwierige* characterizes Antoinette, Stani, Neuhoff and Brücke and is revealed in their conversation. As Rudolf Borchardt observed in an appreciative letter,[1] Hofmannsthal wove into the flimsy action he borrowed from Molière far wider implications than those of the original; but these implications could only be fully developed in a work more substantial in structure than *Die Lästigen*.

And so Hofmannsthal returned to his fragmentary sketches for *Der Schwierige*, and by 18 October 1919 he was able to report to Strauss that the work was 'unter der allerletzten Feile'. The following year *Der Schwierige* appeared in serial form in the *Neue Freie Presse*. This was not the final version, however; the text was carefully revised, and several alterations were made to the second and third acts, before the play was published in book form in 1921.[2]

Both Hofmannsthal's early notes and also the details of his final revision of his text are highly instructive. From the early notes, for example, we learn that considerable emphasis was originally placed on Lukas' age and long service, so that he appeared as a representative of continuity, a symbol of the old order of society. That Hofmannsthal was intending to present an explicit contrast between that old order and the new world of the twentieth century is indicated by his original choice of names for his characters: they included not only Neuhoff and Neugebauer but also Nowak, who eventually became Vinzenz. If this contrast between old and new is less obvious in the final version, the principal reason is that other themes had come to seem more important to Hofmannsthal; and the details of his final revision of the text are of value precisely because they provide revealing indications of what he himself regarded as the most important aspects of the work.

[margin note: Themes / old v. new]

---

[1] Letter dated 5 March 1918.

[2] The two longest of the passages omitted are reprinted by Herbert Steiner in his edition of the play in the *Gesammelte Werke in Einzelausgaben* (Volume *Lustspiele II*, ²1954, pp. 388–94).

The majority of the changes are admittedly minor in nature, but even these are of significance in that they testify to the meticulous thoroughness with which Hofmannsthal polished the text, avoiding unnecessary repetition and deleting or modifying passages which seemed too forced, or too obvious, to be in place. The style of *Der Schwierige* is that of high comedy, and Hofmannsthal carefully expunged the broader comic effects of exaggeration and crude caricature. Thus we are no longer shown Edine priding herself on reading a work 'über den Expressionismus bei den Somalinegern'; and we no longer witness the maniac outburst in which, in the 1920 version, Brücke declaims to Neuhoff his longing for a world in which scholarly academics such as he might wield the absolute authority of the high priests of old:

> Mein Gedanke flüchtet zu dem erhabenen Weltbild der Babylonier. Wo sind die Zeiten, in denen der Priester, der nichts anderes war als der zur höchsten Macht erhobene Gelehrte, in feierlicher Strenge eine unbedingte Gewalt übte, der geistige Mensch Todesurteile verhängte, um des Geistigen willen, meine Trabanten einen Scharlatan wie diesen Brückner in der nächsten Zisterne ersäuft hätten!

There are no deletions of this kind in Act I, which remained intact apart from minor orthographical alterations. As he admitted to Strauss in a letter dated 25 December 1927, Hofmannsthal considered this act to be one of his finest pieces of work. The second act, however, was considerably shortened, and the latter part of the final act largely rewritten. Hofmannsthal added both the scene in which Vinzenz makes his disastrous appearance at the soirée and the important conversation about Hans Karl's unwillingness to make his maiden speech in the *Herrenhaus*; and he also revised with particular thoroughness the scene (III, 8) in which Hans Karl returns to Helene and their engagement is sealed. One characteristic example of the numerous slight rephrasings in this scene may be seen in Hans

Karl's apology for his earlier departure: whereas in the 1920 text he is 'bouleversiert' by the memory of his leave-taking, in the revised text he is 'höchst unangenehm berührt'. The alteration avoids both the overstatement and the affectation of the French verb, and at the same time, in the stiffness of the German, suggests Hans Karl's acute embarrassment.

But what most of all gives this whole scene its memorable tenderness is the unsureness with which Helene and Hans Karl, in addressing each other, alternate between the formal 'Sie' and the informal, affectionate 'du'. In the 1920 text this wavering between the two modes of address is absent: Helene, having once addressed Hans Karl as 'du', does not revert to 'Sie', and Hans Karl consistently uses the more formal mode of address until his exclamation 'Wie du mich kennst!' In this version, therefore, first Helene and then Hans Karl simply progress from the one form of address to the other. This cannot compare, either in subtlety or in effectiveness, with the revised version. As they both struggle against tears, first Helene and then, with his embarrassed 'Sie, du, du willst?', Hans Karl begin to use the more familiar form of address, at first irregularly, with a hovering and confusion reflecting their general unsureness, till Helene takes a firm stand on 'du'. There follows her bizarre proposal; then, after a short pause, Hans Karl breaks the embarrassment with his stiffly phrased sentence, 'Helen, alles, was Sie da sagen, perturbiert mich in der maßlosesten Weise um Ihretwillen, Helen, natürlich um Ihretwillen!...' And this time, with his admiring 'Wie du mich kennst!' and 'Wie du alles weißt!', it is he who makes the first break back into the final 'du'. Hesitancy, affection, unsureness and love—a whole range of emotions whose fragility makes them unexpressible in any fuller, and more conventional, form—are compressed into a deceptively simple variation of pronouns. What Hans Karl finally achieves in this climactic scene is the commitment ('Bindung') of true maturity, and the very moment of his 'Übergang von der Praeexistenz *existential - we are*   *present to others*

zur Existenz' is defined in his choice and acceptance of the final 'du'. This basic sense is as clear from the first version as it is from the revised text; what the sensitive and detailed revision indicates is Hofmannsthal's concern to bring out in the dialogue all the real depth of emotion underlying the moral development which Hans Karl undergoes—a depth of emotion which is in no way suggested by the abstract formulations of *Ad me ipsum*.

In short, just as the study of Hofmannsthal's early notes draws our attention to the relative lack of insistence, in the finished play, on the contrast between the old social order and the new, so the details of his final revision of the text draw our attention to the importance he placed on Hans Karl's individual experience, which culminates in his engagement to Helene. But what is most noticeable about Hofmannsthal's revision of Hans Karl's part is that it is in large measure a process of deletion. Once again, many of the corrections are minor in nature. One typical omission is an aside originally made when, shortly before his final exit, Hans Karl is surrounded by friends and relatives—his sister at their head—who want explanations from him. 'Jetzt wird sie mich attakkieren!' he says. 'Es ist stärker als sie.' In the final version this remark is simply left out. Hans Karl remains silent, and we are left to guess his thoughts; for, once set on paper, they seem too crude and too banal to be in keeping with the complex sensitivity of his character.

To clarify the nature of this sensitivity was plainly one of Hofmannsthal's main aims in his revision of Hans Karl's role. A subtle and revealing illustration of his method occurs at the beginning of Hans Karl's long scene with Helene in Act II. In the 1920 version he remarks:

> Es ist ein bissel lächerlich, wenn man sich einbildet, durch wohlgesetzte Wörter eine weiß Gott wie große Wirkung auszuüben, in einem Leben, wo doch schließlich alles auf die letzte, unaussprechliche Nuance ankommt.

What he talks of in the revised text is the vanity of trying to achieve anything by speech 'in einem Leben, wo doch schließlich alles auf das Letzte, Unaussprechliche ankommt'. The one word 'Nuance' is omitted; by its very precision it made Hans Karl's observation seem precious. Without the word 'Nuance' the sentence means both less—because it is less specific—and far more, because the epithets are left generalized. It suggests much more clearly the full implications of Hans Karl's 'Schwierigkeit', implications which also explain why so many passages in his part, from single words to whole speeches, were deleted in the course of Hofmannsthal's revision. In the final version the nuances are left implicit, the inexpressible is left unexpressed: for 'das Letzte' *is* inexpressible, and it is because he perceives this that Hans Karl, like Chandos, approaches the 'Anstand des Schweigens'.

THE PROBLEM OF LANGUAGE

The action of *Der Schwierige* is compounded of 'chronische Mißverständnisse' at a number of levels; it is a comedy of misunderstandings, but one in which the misunderstandings are shown as arising for significant reasons, as distinct from the crude mis-hearings and mistaken identities of the traditional comedy of errors. The peculiar depth of the play lies especially in the way that, more perfectly than any other of Hofmannsthal's works, it illustrates the problem of language with which he had been concerned at least since the turn of the century, that is, since the time of the crisis recounted in *Ein Brief*; the thematic affinity of *Ein Brief* and *Der Schwierige* is attested by Hofmannsthal himself in *Ad me ipsum*.

Hans Karl, of course, is not a young artist, though he has been an 'adventurer'. His present 'difficulty' has its origins in a wartime experience, when a trench or a bunker that he was in collapsed (presumably under fire) and he was temporarily buried, smothered by earth for a few, seemingly endless, seconds. During this time he had a mysterious vision, in which he saw Helene as his wife. Later in the field hospital he puzzled over the significance of the vision, and as he recovered he began to reflect seriously on the whole meaning of human life:

> Die Genesung ist so ein merkwürdiger Zustand. Darin ist mir die ganze Welt wiedergekommen, wie etwas Reines, Neues und dabei so Selbstverständliches. Ich hab' da auf einmal ausdenken können, was das ist: ein Mensch. Und wie das sein muß: zwei Menschen, die ihr Leben aufeinanderlegen und werden wie *ein* Mensch. Ich habe — in der Ahnung wenigstens — mir vorstellen können — was da dazu gehört, wie heilig das ist und wie wunderbar. (II, 14)

obvious

This onset of reflectiveness clearly amounted almost to a loss of innocence, that is, to a decisive loss of the self-centred thoughtlessness of immaturity, so that the whole experience in the trench was a turning-point in Hans Karl's moral development. Suddenly he was brought face to face with the values of maturity, and he had to embark on a process of reassessing all the standards of his life. As a direct result of this process of fundamental rethinking, he learned what the imaginary writer of *Ein Brief* had learned: the impossibility of describing the realities of experience in what Chandos calls 'jene Worte, deren sich doch alle Menschen ohne Bedenken geläufig zu bedienen pflegen'. Not only are the facile phrases which make up everyday conversation vacuously trite:[1] the

---

[1] Hofmannsthal's criticism of the insidious trivialization of everyday language extended to written language too. In his preface *Wert und Ehre deutscher Sprache* (1927) he made the interesting point that German—*i.e.* the German that writers of his generation inherited from the nineteenth-century age of realism—was uniquely lacking in a valid standard idiom between the two extremes of stylized poetic language ('eine sehr hohe dichterische Sprache') and the various dialects. The language of everyday prose writing—of newspapers, fiction, or works of scholarship—was an artificial and therefore inevitably unexpressive 'Gebrauchssprache'. Awareness of this acute lack of an acceptable linguistic medium was one of the contributory factors in the development of German aestheticism; and it also helps to explain why, when Hofmannsthal

very medium of language seems an obstacle in the way of the true communication upon which human contact, and hence the moral development of the individual, depend. The dissatisfaction expressed in *Ein Brief* with 'die abstrakten Worte' is matched by Hans Karl's plaint about the impossibility of expressing 'das Letzte, Unaussprechliche' by means of 'wohlgesetzte Wörter'; and when he declares to Helene 'Ich versteh' mich selbst viel schlechter, wenn ich red', als wenn ich still bin', he faces exactly the same uncertainty as Chandos: he too senses the '*decency* of silence' ('Anstand des Schweigens'). This thought is most nearly explained, perhaps, in a remark in Hofmannsthal's unfinished comedy *Silvia im 'Stern'*, where the heroine, Silvia Neuhaus, says: 'Die Worte sind schamlos. Das Denken ist schamhaft.' Cruelly, unfeelingly, words strip the thoughts and feelings they are supposed to express of all intimate nuances; the meanings they convey are necessarily so harshly oversimplified as to be devoid of live meaning. Hence Hans Karl's insistence on the *indecency* of speech: 'Alles, was man ausspricht, ist indezent,' he says. 'Das simple Faktum, daß man etwas ausspricht, ist indezent' (III, 13). In context, this remark is explicitly connected with his sense of the awesome, and intimately personal, nature of the 'inexpressible' experience.

And so Hans Karl's cautious unobtrusiveness and his characteristic reticence have developed. These qualities are brought out throughout the course of the play by the contrasts between him and the other characters. A good example is the long scene between Hans Karl and Stani in the first act (sc. 8–10), in which Stani's volubility contrasts so totally with Hans Karl's laconic manner that by the end of their conversation not only has the hollowness of Stani's verbosity been revealed but also—without his having interjected

gave up composing lyrical verse and turned to prose comedies, he wrote them in dialect (though never, in fact, in broad *Wienerisch*). Cf. his note in the *Buch der Freunde* (1922): 'Der Dialekt erlaubt keine eigene Sprache, aber eine eigene Stimme.'

more than a few courteous and on the whole apparently unremarkable comments—Hans Karl's complete innate superiority.

His character is also brought out by implication in his own description of the clown Furlani. Like Hans Karl, 'der Mann ohne Absicht' (as Hofmannsthal at one stage planned to call *Der Schwierige*), Furlani 'geht immer auf die Absicht der andern ein'; and it is clear that, with his willingness to oblige, his elegance and his gift for strewing confusion on all sides, he presents an unseen, and wholly comic, parallel to Hans Karl. Hans Karl's expression of his admiration for Furlani belongs to the time before his final emergence into the social and moral responsibility of his promised marriage: Furlani's balancing act is comparable to Hans Karl's hitherto delicately uncommitted relations with women, and it is clear from her anxious concern for the flower-pot which Furlani drops that Helene appreciates the connection. But by virtue of its silence Furlani's mime, by which he entertains Hans Karl 'viel mehr als die gescheiteste Konversation von Gott weiß wem', also reflects the difficulties which Hans Karl experiences in using language either in polite conversation or as a means of serious self-expression.

The role of Hans Karl is a demanding one to play on the stage: indeed, the reason why the play's first performance in November 1921 took place not in Vienna but in Munich was that there—as Hofmannsthal explained in a letter to Rudolf Borchardt—was to be found Gustav Waldau, the only actor capable, in Hofmannsthal's view, of playing the title part; he played it again, indeed, when *Der Schwierige* was finally staged in Vienna, in Max Reinhardt's production in the Theater in der Josefstadt, in 1924. The difficulties of playing the role of Hans Karl arise directly from the fact that the *sympathique* qualities in his character and the wide implications of his 'Schwierigkeit' have to be communicated as much by what he does not say as by what he does. For it is in this way that the problems described in *Ein Brief* are actually enacted in *Der Schwierige*.

Ein Brief has been described as 'Hofmannsthal's version of a crisis experienced by many a serious writer of the period';[1] in other words, it can be seen as a document portraying a *malaise* characteristic of the whole literary situation of its time. But the 'Wert-Vakuum' which Hermann Broch describes as characteristic of that time was not limited to the arts, and Chandos' emphasis on the difficulty of using words as a means of description is symptomatic of a crisis which affected the field of philosophical, as well as purely literary, activity. The wide philosophical implications of the 'problem of language' are more fully represented, or at least suggested, in *Der Schwierige*. In 1921—the same year as *Der Schwierige* first appeared in book form—the philosopher Ludwig Wittgenstein published his *Tractatus logico-philosophicus*, in which all philosophy is described as being essentially criticism of language, *Sprachkritik* (§ 4.0031), for the reason that 'die Sprache verkleidet den Gedanken' (§ 4.002). Just as Hans Karl talks not of 'wohlgesetzte Worte' but of 'wohlgesetzte *Wörter*', so Wittgenstein insists that any sentence consists of (originally separate) component parts, each of which must be understood separately (§ 4.024); and he also insists on the limitations of language's power of 'naming' and expressing. The *Tractatus* ends with the comment, 'Wovon man nicht sprechen kann, darüber muß man schweigen'; and an earlier paragraph reads: 'Es gibt allerdings Unaussprechliches. Dies *zeigt* sich, es ist das Mystische.' (§ 6.522) This is exactly what Hans Karl discovers in connection with his mysterious visionary experience: 'Mein Gott, ja, wer könnte denn das erzählen!' It is in this way that *Der Schwierige* exemplifies—though of course it does not systematically formulate—what has become a central problem of modern philosophy, namely that of the constantly

[1] Erich Heller, *The Ironic German. A Study of Thomas Mann* (London, 1958), p. 22.

questionable validity of language, and that it also fulfils, at least in Wittgenstein's sense, the requirement which Hofmannsthal advanced in his *Buch der Freunde* (1922), that a comedy should contain 'einen Hauch von Mystizismus'.

But the criticism which is embodied in *Der Schwierige* concerns not only the potentiality of language but also (more obviously) its daily abuse. Professor Richard Alewyn has remarked on the extent to which *Der Schwierige* shares with both *Die Lästigen* and *Silvia im 'Stern'* the function of exemplifying 'die ständige Gefährdung des Gesprächs durch die Konversation':[1] the empty phrases which go to make up conventional social 'Konversation' make impossible the proper communication of genuine 'Gespräch'. This point calls to mind the parenthetic plea contained in a letter Hofmannsthal wrote to Strauss in February 1909: 'Ich bin von Sonntag ab in Berlin.... Sehen wir uns? (Aber nicht in Gesellschaft, das hat keinen Zweck.)' And in *Der Schwierige* the criticism is made explicit in the very first words spoken by Helene Altenwyl:

> Wir haben alle Ursache, wir jüngeren Menschen, wenn uns vor etwas auf der Welt grausen muß, so davor: daß es etwas gibt wie Konversation: Worte, die alles Wirkliche verflachen und im Geschwätz beruhigen. (II, 1)

The fault may lie in the conscious cultivation of a polished (that is, artificial) conversational style, such as Helene's father demands; but far more widespread in practice and much more far-reaching in effect is the fact that basic human differences in outlook inevitably reveal themselves—as Zerbinetta naïvely appreciates in *Ariadne auf Naxos*—in 'verschiedene Sprachen'. The result, as it is illustrated in *Der Schwierige*, is that the characters while conversing tend in effect to talk not straightforwardly to each other (as is the case in the normal repartee of comic dialogue) but rather across, or past, each other. This

[1] Richard Alewyn, *Über Hugo von Hofmannsthal*. 2., verbesserte Aufl. (Göttingen, 1960), p. 17.

is not their intention; but such characters as Hans Karl and Helene on the one hand, Crescence and Stani on the other, or again Neuhoff and Brücke, who do not belong to the same aristocratic Viennese society, are talking three different sorts of language, with different inflections, nuances, implications and associations, so that inevitably their understanding of each other is imperfect. (The contrast also exists among the servants, and far more obviously: Lukas seems almost deliberately to allow Vinzenz's remarks in the opening scene to pass him by, for he does not want to understand Vinzenz's prying, selfish—and modern—attitude.) The only time in the play that Hans Karl and Helene in effect talk past each other (when he is trying to talk about his time in the field hospital and she is attempting to make him come to the point) is significantly the only time when, by arranging an 'adieu' which he does not wish, Hans Karl is failing to understand—or failing to act on his understanding of—his own position and is thus forcing misunderstanding upon Helene, who, indeed, in the 1920 version says quite openly: 'Jetzt versteh' ich Sie gar nicht.' It is also the one scene in which, acting a part which is not his, he speaks with a verbosity foreign to his nature; and this verbosity is shown up by Helene's extreme reticence, just as earlier Hans Karl's own laconic manner has shown up Stani's volubility.

Generally, however, the dialogues which appear to be conducted at two different, unconnected levels and where misunderstandings are rife are those in which the speakers, by virtue of their different characters, naturally think in quite different ways; the one further exception is the conversation between Neuhoff and Brücke, both egoists, in which each is too preoccupied with what he himself has to say to make the effort of listening to the other. Hans Karl is understood neither by his sister nor by his nephew, and with them misunderstandings, or at least conversations in which successive speeches are insufficient answers to each other, are frequent for him. Stani and Hans Karl together find that the outsider Neuhoff, speaking only of his own activities and led on by his own 'Suada', talks straight past them, and they exchange a sympathetic glance to show how little they like his glib eloquence. Antoinette too (like her maid Agathe) misinterprets all that Hans Karl says to her. Sometimes the conversation breaks down, with an admission of incomprehension: 'Wieso verstehst du das nicht?' Hans Karl asks Crescence (I, 3), and Stani similarly stops Hans Karl: 'Da verstehe ich dich nicht' (I, 8). As a rule, however, the dialogue is dragged on, the pretence of conversation maintained, without the contact of true understanding. The result is sustained dramatic irony of a far more subtle type than any that can arise from obvious comic devices such as mis-hearing or passages of overt miscomprehension or non-comprehension. For what we are shown in the apparently normal, sociable conversation in *Der Schwierige*—that is, in the traditional medium of the *Konversationsstück*—is the complex justification for Hans Karl's protests against 'diese odiosen Konfusionen..., denen sich ein Mensch aussetzt, der sich unter die Leut' mischt'. Hans Karl's attempt to come to terms with society is positively hindered by the difficulty of making contact, in ordinary social intercourse, with the people who make up that society.

THE SOCIAL MILIEU

The crisis in Hans Karl's development revolves, as we have seen, around the onset of maturity, and it is associated with his increasing age, which is brought to our notice several times in the opening scenes. In *Der Rosenkavalier*, the way for the Marschallin's withdrawal from her amoral 'adventure' with Octavian is similarly prepared by her realization of her own age (and of the disparity in age between her and Octavian, who is still only a boy). The Marschallin looks sadly into her mirror and sees 'ein altes Weib'; in Hans Karl's case, it is his mysterious wartime vision which has confronted him with the mature contrast to his youthful amorality.

He has in effect been presented with a choice between two alternatives: to return knowingly to his old life, or to face up to the full reality of the world around him. In the final version of *Der Schwierige*, therefore, the contrast between old and new is seen essentially in terms of Hans Karl's position. He has returned home to face a contrast between the familiar world of the past, in which he has spent his youth and in which he can still be looked after and shielded by Lukas' intuitive and protective care, and the world of harsh modern reality, the world which is represented (at three different social levels) by Neuhoff's conceit and glib intellectualizing, Neugebauer's narrowness, and Vinzenz's churlish self-seeking (the very reverse of the 'service' he nominally offers). The contrast between the unreality of the old and the reality of the new is made pointedly explicit by Neuhoff against a background of light, traditionally Viennese music at Altenwyl's soirée: 'Niemand, der sich in diesen Salons bewegt, gehört zu der wirklichen Welt, in der die geistigen Krisen des Jahrhunderts sich entscheiden' (II, 2).

The contrast is most fully illustrated in the play in the personal differences between Hans Karl and Neuhoff, rivals for Helene's hand. The commanding fluency of Neuhoff's 'nördlicher Jargon' contrasts with Hans Karl's halting understatements—and this is a contrast which is highly effective in performance, as Neuhoff's harsh vowels, throaty gutturals and hissing sibilants stand out among the softer, lazier Viennese accents of the rest of the characters. But the heart of Neuhoff's criticism of Hans Karl is that his life is parasitic and trivial: he calls him a 'Schmarotzer' and describes him as having the 'Selbstsicherheit der unbegrenzten Trivialität'. Neuhoff's explicit standards are those of 'Wille', 'Kraft' and 'Stärke': the jargon is not only northern but Nietzschean, and his abuse of Nietzsche's terms is one of the characteristics which most completely stamp Neuhoff as a representative of the Germany of his time. By these highly un-Viennese standards, he views Hans Karl and the other figures at the soirée as 'shadows': he tells Brücke, 'Alle diese Menschen, die Ihnen hier begegnen, existieren ja in Wirklichkeit gar nicht mehr. Das sind ja alles nur mehr Schatten...' The point is made clearly that he feels he is different from them in that he belongs to a more modern age and also that he comes from a quite different society.

In 1917 Hofmannsthal published a short essay, *Preuße und Österreicher*, in which he attempted to summarize the differences between the Prussian and Austrian national characters; and to an unmistakable degree the characters of Neuhoff and Hans Karl correspond to the traits attributed by Hofmannsthal to the Prussian and Austrian respectively. These are the characteristics of Neuhoff: 'Aktuelle Gesinnung...Stärke der Abstraktion...Stärke der Dialektik...Größere Gewandtheit des Ausdrucks...Selbstgefühl...Selbstgerecht, anmaßend schulmeisterisch'; and Hans Karl is the very opposite: 'Traditionelle Gesinnung...Geringe Begabung für Abstraktion...Ablehnung der Dialektik...Mehr Balance...Selbstironie...Verschämt, eitel, witzig.' This contrast is, of course, stated in a highly partial fashion, giving ill-concealed expression to Hofmannsthal's natural preference for the supposed national characteristics of the Austrian; and it is only fair to record that even among those who shared his preference, not everyone echoed his fulsome approval of the Austrian character as it was revealed in the Great War. In Karl Kraus's monumental tragedy *Die letzten Tage der Menschheit*, a portrait of Austria at war, we find a very different view of the typically Austrian spirit:

> Das österreichische Antlitz ist jederlei Antlitz...Es lächelt und greint je nach Wetter...Nein, es ist nicht wie das preußische, wenngleich es jedem gleicht und alles ist, nur eben nicht das, was die Feuilletonisten singen und sagen... (IV, 29)
> Es spiegelt sich geistig in dem Knödel... (V, 2)

Positive strength of character and intellectual acuity are not, of course, to be numbered among Hans Karl's virtues; but his very lack of pushful 'Absicht' contributes to his ironic charm. With that ironic charm he embodies the most attractive side of 'the Austrian national character', and certainly the contrast with Neuhoff is one which works out wholly to his advantage.

Der Schwierige is essentially a play about Hans Karl as an individual, not about society; but because the contrasts between old and new, and also between Austrian and North German, are presented so vividly, it is true that the play as a whole does give us an affectionate portrait of a dying aristocratic society; the assembled characters at the soirée, from noblemen to servants, make up a miniature picture of the Vienna of 1918–19. In this respect *Der Schwierige* is the equivalent in Hofmannsthal's work of Bauernfeld's *Aus der Gesellschaft* and Schnitzler's *Professor Bernhardi*, each of which (though in more satirical vein) portrays in miniature the Vienna of its time. The Vienna which Hofmannsthal drew was a world whose very charm depended on its being, as Neuhoff says, cut off from the 'geistige Krisen' of the age; its elegance and charm truly belonged to a more elegant and more leisured past, and were truly dying. But Hofmannsthal himself knew how successfully he had recaptured them in his comedy; as he wrote to Schnitzler in November 1919,

> Vielleicht hätte ich die Gesellschaft, die es [*scil.* das Lustspiel] darstellt, die österreichische aristokratische Gesellschaft, nie mit so viel Liebe in ihrem Charme und ihrer Qualität darstellen können als in dem historischen Augenblick wo sie, die bis vor kurzem[1] eine Gegebenheit, ja eine Macht war, sich leise und geisterhaft ins Nichts auflöst, wie ein übrig gebliebenes Nebelwölkchen am Morgen.

It is in this nostalgically attractive setting that the characters of *Der Schwierige* act out their comedy of misunderstandings.

---

[1] Austria became a republic in November 1918.

THE CHARACTERS

The wealth of significance which can be read into this 'apparently so normal' play, the grace and lightness of its style and the essential reticence of its central figure all make it supremely difficult to write about. To attempt in interpretation to make explicit what is deliberately left implicit and what delights precisely by its implicitness, to try to summarize what the work is 'about': this kind of endeavour, which falls to the lot of editors, critics and students alike, must embarrass them in direct proportion to their appreciation of the subtlety of the play. Moreover, to talk of 'moral development', of 'the problem of language', or even of a 'miniature picture of Viennese society' is to reduce the play to its serious basis and to rob it of all that makes it a comedy. And a comedy it is: a comedy of misunderstandings, centring on Hans Karl—in his own words, 'ein Mensch, der nichts als Mißverständnisse auf dem Gewissen hat'. He is misunderstood by all but Helene and, on a more superficial level of understanding, his faithful servant Lukas: he is misjudged or misunderstood by Crescence, by Antoinette, by Brücke, by his friend Hechingen. And the real importance of the fundamentally serious theme of misunderstanding is underlined wholly comically by instances of misunderstanding which have no deeper significance, such as the examples of naïve misunderstanding or incomprehension which form the end of each of the three acts, or Hans Karl's telephone conversation with Hechingen in the first act, a straightforwardly comic illustration of the frustrations of failing to communicate; it is a purely comic illustration because it is based not on the insuperable ambiguity of the spoken word but on simple mis-hearing.

Hans Karl is, as he admits, 'ein Mensch, der durchdrungen ist von einer Sache auf der Welt: daß es unmöglich ist, den Mund aufzumachen, ohne die heillosesten Konfusionen anzurichten'; and the soirée entails for him exactly what he fears—'ein unentwirrbarer Knäuel von Mißverständnissen'. Yet throughout the play we sense that, like Furlani, 'he is right'; indeed, we watch him with the same delight as he experiences when watching Furlani:

> ...Dabei behält er eine élégance, eine Diskretion, man merkt, daß er sich selbst und alles, was auf der Welt ist, respektiert. Er bringt alles durcheinander, wie Kraut und Rüben; wo er hingeht, geht alles drunter und drüber, und dabei möchte man rufen: 'Er hat ja recht!'

Moreover, just as Furlani 'tut scheinbar nichts mit Absicht' (that is, only *seems* to act without calculated intent) and makes an impression of 'Nonchalance' which conceals the real tenseness ('Anspannung') of his concentration, so Hans Karl's apparently effortless elegance and complete lack of 'Bemühung' hide what in *Ad me ipsum* Hofmannsthal called his 'absichtliche Mittelbarkeit'. Hans Karl comes to the soirée with a 'programme' drawn up for him by Crescence; but like Furlani, he himself is always in control. In the event, indeed, his wooing of Helene on Stani's behalf hardly accords with what Crescence is hoping for. 'Ja wirklich, Helene,' he says, 'heiraten Sie den Stani, er möchte so gern, und Ihnen kann ja gar nichts passieren.' And again later: 'Nehmen Sie nicht den Neuhoff, Helen, — eher einen Menschen wie den Stani, oder auch nicht den Stani, einen ganz andern, der ein braver, nobler Mensch ist...' The real subject of his conversation in this scene is not Stani's suit (which he has seemed to be leading up to) but his own relations with Helene. He bids her farewell, which is a mistake; but it is his own mistake.

The degree to which, despite his apparent 'Nonchalance', Hans Karl is in fact the central driving force behind the action of the play is very clearly illustrated at the beginning of Act III, when he is absent. One after another the other characters enter, looking for him: first of all Brücke, then Stani and Hechingen, each hopefully dependent on his mediation, then

Helene, and finally Antoinette, who is pursued, in Hans Karl's absence, by the relentless Neuhoff. Even when he is not physically present, Hans Karl is still visibly the centre of all that is happening on the stage, and until he returns the other characters are left either simply to wait for him and discuss him or else, in the case of Brücke and Helene, to prepare to go out in search of him. For everything in *Der Schwierige* turns on Hans Karl.

He is himself a comic character in his constant overawareness of the confusions, 'die heillosesten Konfusionen', by which he feels he surrounds himself in any contact with others. But it is by contrast with his reticence, his diffidence and his unassuming courtesy that the other main characters in the play, with the sole exception of Helene, are also shown up in a comic light. It is Helene who joins Hans Karl in rejecting 'alles, wo man eine Absicht merkt, die dahintersteckt'; and except for her and Lukas, all the other characters, when together with Hans Karl, betray—or even display—their 'Absicht', adopting the directness of approach which goes either with outright self-seeking or else with gross oversimplification. 'Die Menschen sind gottlob sehr einfach, wenn man sie einfach nimmt,' says Crescence—and her very next sentence shows how completely she has misunderstood Hans Karl's reactions to her discussion of Helene. She rides roughshod over nuance, and the continual contrast in this respect between her and Hans Karl effectively highlights the comically simple directness of her scheming and match-making. In a similar way we are made aware of the comic aspects of Stani's brisk decisiveness, of Antoinette's wheedling coquetry, of Neuhoff's 'kalter, wollender Verstand' (as Antoinette calls it) and finally of Hechingen's dogged devotion to Antoinette.

Like all the others, Hechingen claims to understand Hans Karl and does not. He believes he has an 'instinctive' understanding of him, but in fact he seems only to have learnt to describe Hans Karl's manner in words whose true sense and practical implications he manifestly cannot comprehend: 'Es kommt alles auf ein gewisses Etwas an, auf eine Grazie — ich möchte sagen, es muß alles ein beständiges Impromptu sein.' The qualities he admires in Hans Karl are those of the elegant philanderer who has dabbled in 'Liebelei' with Hechingen's own wife; Hechingen even tries—absurdly—to emulate his style by allowing Antoinette all the freedom of action she wants: 'Man muß large sein,' he tells Stani, 'das ist es, was ich dem Kari verdanke.' This is absurd because he is, as Hans Karl says, 'der geborne Ehemann'; and while he has proved his moral stature by his great courage in the war, he is also utterly without any of Hans Karl's natural 'grace' of manner or of speech. Indeed, his 'hölzerne Suada' (as Stani very aptly describes it in the 1920 version of the play) comically expresses the unimaginative stolidness of his whole character. One of the ways in which Hofmannsthal brings out the disparity between Hechingen's real self and his chosen image of himself is the use of comic repetition—a device which is normally associated with popular comedy rather than with literary comedy, but which is used in *Der Schwierige* with great subtlety. Thus Hechingen's real lack of that intuitive understanding of Hans Karl which he insistently claims for himself is brought out by the inaccuracy of both the (contradictory) prophecies which he introduces with the phrase 'Mein Instinkt sagt mir...' (III, 2; III, 6); and the clumsy phrases with which he repeatedly prefaces his confidences—'Auf die Gefahr hin, dich zu langweilen...'; 'Ich lege Gewicht darauf, klarzustellen, daß...'; 'Ich würde dich bitten, nicht zu übersehen, daß...' and 'Ich bitte nicht zu übersehen, daß...'—underline the incongruity of his attempts to affect the 'Grazie' he admires in Hans Karl.

In this way repetition is used by Hofmannsthal for the purpose of comic characterization, underlining the main comic characteristics of various of the principal figures. When in the third act, for example, Stani thrice expresses his desire to avoid a 'schiefe Situation', his repetition of this phrase which has previously been used by Brücke (II, 2) suggestively brings out the extent to which these two characters are fundamentally alike in their self-centred concern for their own dignity. Or again, Edine's repetition of the words 'Geist' and 'kultivieren' and Hechingen's repeated description of his wife as being by nature a 'grande dame des achtzehnten Jahrhunderts' serve to highlight the total misunderstanding by the speakers of (respectively) the true nature of learning and the true character of Antoinette.

One other formal device which (in a cruder form) is internationally characteristic of popular comedy and which is employed with great skill in the structure of *Der Schwierige* is the device of the 'comic parallel'. The basic form the comic parallel traditionally takes is that the comic servant, Harlequin or Hanswurst, goes through scenes which, at a lower social level and in a comic fashion, follow a pattern similar to that of the main action. We have already noted that in *Der Schwierige* Furlani's act with its clowning 'Lazzi' appears to present a comic parallel to Hans Karl's 'confusions'; but Furlani's elegance is far removed from the crude awkwardness of the traditional comic figure, and he does not in any sense *imitate* Hans Karl's actions.[1] The traditional function of the Hanswurst is, however, fulfilled, at least in part, by both Stani and Neuhoff. Stani imitates Hans Karl's ways, himself indulges in philandering with Antoinette and also wishes to woo Helene; and Neuhoff has scenes parallel to those of Hans Karl. After Hans Karl's *tête-à-têtes* with Antoinette and Helene in the second act, which end with both women just as much in love

[1] Nevertheless, the parallel between Hans Karl and Furlani is made unmistakable. Neuhoff, describing Hans Karl to Brücke, uses vocabulary which has already been used by Hans Karl to describe Furlani: he talks of Hans Karl 'sich balancierend in der Selbstsicherheit der unbegrenzten Trivialität' in social circles sheltered from the real 'geistige Krisen' of the time, while Hans Karl has suggested that Furlani's performance has more (hidden) 'Geist' than most conversations, has talked of him in the same breath as he has talked of acrobats, and has described him 'wenn er einen Blumentopf auf der Nase balanciert'.

with him as ever, Neuhoff, in his direct advances to them both, is rebuffed unambiguously first by Helene and then by Antoinette. In popular comedy Hanswurst was traditionally the earthy realist, his master the idealist; Stani at least considers himself a realist in comparison with Hans Karl ('Du, Onkel Kari,' he says, 'bist au fond, verzeih, daß ich es heraussage, ein Idealist...'), and Neuhoff sees himself as a member of a whole world that is much more real than that of the Viennese salons. By his own standards he is perfectly right when he tells Brücke: 'Niemand, der sich in diesen Salons bewegt, gehört zu der wirklichen Welt, in der die geistigen Krisen des Jahrhunderts sich entscheiden'; but that we, initiated into the discreet charm of the salons, find not Hans Karl but Neuhoff, as a representative of his 'real world', ridiculous, is wholly consistent with the traditional effect of the comic parallel.

Traditionally, of course, the comic parallel was constructed around servants: in 1917 Hofmannsthal noted the 'Parallelismus der Dienstboten' in Molière. Parallel scenes of this kind are altogether lacking in *Der Schwierige*. On the other hand, it is true that in his distaste for the new (as represented by Vinzenz) and in the anxious straightening of pictures in which his irritation manifests itself, Hans Karl's servant Lukas constitutes something of a 'Karikatur der Herrschaft'. This phrase is taken from an essay on Bauernfeld which Hofmannsthal wrote in 1893; and Lukas' sympathetic appreciation of Hans Karl's moods (revealed in his instructions to Vinzenz in the opening scene and in his disregard of Crescence's order to telephone Altenwyl because he perceives intuitively that Hans Karl does not wish him to do so) corresponds to the devoted loyalty of the old retainers (such as Simon in *Krisen*) who wait on the principal characters in Bauernfeld's plays. But it is clear from the essay on Bauernfeld that Hofmannsthal thought of such servants not as a literary or theatrical 'type' but as an important feature of traditional Viennese life.

It is, indeed, only to a very limited extent that the characterization in *Der Schwierige* is indebted to literary models. The features of Stani's character which become most evident in contrast with Hans Karl, his self-assurance[1] and his authoritative way of generalizing categorically, are reminiscent of Philipp in Schnitzler's *Komtesse Mizzi* (1907), whose line 'Ich durchschau' die ganze Geschichte' could easily be one of Stani's, and who, like Stani, constantly leaps to the wrong conclusions. Helene, on the other hand, is comparable to Lessing's Minna von Barnhelm: both attempt to integrate a 'difficult man' into his proper social background. And if Minna 'stoops to conquer' by leading Tellheim to believe her fortune is lost and thus appeasing his pride, then Helene too—in this respect foreshadowed also by the heroine of Hofmannsthal's *Cristinas Heimreise*—has to stoop to the 'Enormität' of herself proposing to Hans Karl.

But *Der Schwierige* is too highly original a work for any hunt for 'sources' to be genuinely fruitful. Hans Karl's 'difficulties' can be dismissed as mere 'Hypochondrien' only by someone as unseeing as his sister: in fact they are far more complex, and far more deep-rooted, than any of Tellheim's problems. Moreover, Helene too is 'schwierig'; she herself admits to Hans Karl, 'Meine Manieren sind nur eine Art von Nervosität, mir die Leut' vom Hals zu halten.' If, alone among all the characters gathered together at the soirée, she understands Hans Karl, she does so not by intellectual comprehension but with the intuitive sympathy of the ideal helpmeet, the rare and permanent love which pierces through all misunderstandings and which alone can rescue a Hans Karl Bühl. We may to the end of the play doubt Hans Karl's ability to overcome his 'Schwierigkeit' and to achieve—in the terminology of *Ad me ipsum*—'Verknüpfung mit dem Leben';

---

[1] One of the most characteristic of Stani's remarks in the 1920 text was finally deleted by Hofmannsthal: 'Ich bin imstande, aus kleinsten Andeutungen mir etwas zurechtzulegen.'

for in the light-heartedness of comedy everything is left in-explicit and, because inexplicit, uncertain. Does he not to the last dread the *Herrenhaus*, and does he not, just before his characteristically self-effacing exit, defiantly declare to Crescence: 'Es ist die letzte Soirée, auf der Sie mich erscheinen sieht'? Yet even if his promised marriage will not *easily* draw him fully into society, we may put this last remark down to ironic pique and give the last word to Stani: 'Pardon, Onkel Kari, bei dir darf man nichts wörtlich nehmen, wenn man das tut, gehört man in die Kategorie: Instinktlos.'

SELECT BIBLIOGRAPHY

1. *Hofmannsthal's Works*

(a) *Complete works*

The standard edition is now: *Gesammelte Werke in Einzelausgaben*, hrsg. v. Herbert Steiner, 15 Bde. (Frankfurt a.M., 1950–9).

(b) *Der Schwierige*

First published version: serialized in *Neue Freie Presse* (Vienna), 1920. Act I in nos. 19973–6 (4–8 April); Act II in nos. 20082–9 (25 July–1 August); Act III in nos. 20124–36 (5–17 September).

First edition in book form: *Der Schwierige* (Berlin, 1921).

Reprinted (with slight revisions) in: Hofmannsthal, *Gesammelte Werke* (Berlin, 1924), Bd. IV, pp. 265–449.

In Steiner's edition *Der Schwierige* is contained in the volume *Lustspiele II:* 1948 edition (Stockholm), pp. 225–458; 1954 edition (Frankfurt a.M.), pp. 145–314.

(c) *Correspondence*

Hugo von Hofmannsthal—Rudolf Borchardt: *Briefwechsel* (Frankfurt a.M., 1954).

Hugo von Hofmannsthal—Carl J. Burckhardt: *Briefwechsel* (Frankfurt a.M., 1957).

Richard Strauss und Hugo von Hofmannsthal: *Briefwechsel*, hrsg. v. Franz u. Alice Strauss, bearbeitet v. Willi Schuh. Erweiterte Neuauflage (Zürich, 1955).

2. Secondary literature

(a) Hofmannsthal's life

The best biographical study of Hofmannsthal is by HELMUT A. FIECHTNER in *Hugo von Hofmannsthal. Der Dichter im Spiegel der Freunde*, hrsg. v. Helmut A. Fiechtner, 2. Aufl. (Bern, München, 1963), pp. 5–27.

(b) The background to his work

BROCH, HERMANN, *Hofmannsthal und seine Zeit. Eine Studie*, in Broch, *Gesammelte Werke: Essays*, Bd. 1 (*Dichten und Erkennen*) (Zürich, 1955), pp. 43–181; also reissued, München, 1964 (Piper-Bücherei).

KRAUS, KARL, *Die demolirte Literatur* (Wien, 1897, [3]1899).

ZOHNER, ALFRED, SELIGMANN, CAROLA and CASTLE, EDUARD, 'Café Griensteidl', *Deutsch-Österreichische Literaturgeschichte*, hrsg. v. J.W. Nagl, J. Zeidler, E. Castle, Bd. IV (Wien, 1937), pp. 1715–36.

(c) Hofmannsthal's work (general)

ALEWYN, RICHARD, *Über Hugo von Hofmannsthal*, 2. Aufl. (Göttingen, 1960).

BRINKMANN, RICHARD, 'Hofmannsthal und die Sprache', *Deutsche Vierteljahrsschrift für Literaturwissenschaft und Geistesgeschichte*, XXXV (1961), 69–95.

HEDERER, EDGAR, *Hugo von Hofmannsthal* (Frankfurt a.M., 1960).

NAEF, KARL J., *Hugo von Hofmannsthals Wesen und Werk* (Zürich, Leipzig, 1938).

(d) Hofmannsthal's comedies

MÜLLER, PAUL WERNER, *Hugo von Hofmannsthals Lustspieldichtung* (Niedermarsberg, 1935).

RÖSCH, EWALD, *Komödien Hofmannsthals. Die Entfaltung ihrer Sinnstruktur aus dem Thema der Daseinsstufen* (Marburg, 1963).

(e) Der Schwierige: 'Entstehungsgeschichte'

NORTON, ROGER C., 'The Inception of Hofmannsthal's *Der Schwierige*: Early Plans and Their Significance', *Publications of the Modern Language Association of America*, LXXIX (1964), 97–103.

STERN, MARTIN, '*In illo tempore.* Über Notizen und Varianten zu Hofmannsthals Lustspiele *Der Schwierige*', *Wirkendes Wort*, VIII (1957–8), 115–19.

(*f*) *Der Schwierige: critical appreciations*

COHN, HILDE D., 'Die beiden Schwierigen im deutschen Lustspiel: Lessing, *Minna von Barnhelm* — Hofmannsthal, *Der Schwierige*', *Monatshefte*, XLIV (1952), 257–69.

EMRICH, WILHELM, 'Hofmannsthals Lustspiel *Der Schwierige*', *Wirkendes Wort*, VI (1955–6), 17–25.

MENNEMEIER, FRANZ NORBERT: 'Hofmannsthal — *Der Schwierige*', *Das deutsche Drama vom Barock bis zur Gegenwart*, hrsg. v. Benno v. Wiese, Bd. II, 2. Aufl. (Düsseldorf, 1960), pp. 244–64.

STAIGER, EMIL, 'Hofmannsthal: *Der Schwierige*', *Meisterwerke deutscher Sprache aus dem neunzehnten Jahrhundert*, 4. Aufl. (Zürich, 1961), pp. 223–56.

(*g*) *Bibliography*

A bibliography of works on Hofmannsthal by English-speaking scholars and critics has been compiled by Dr R. Pick and Mrs Ann Weaver, and is contained in *Hofmannsthal. Studies in Commemoration*, ed. F. Norman (London, 1963), pp. 119–47.

DER SCHWIERIGE

PERSONEN

HANS KARL BÜHL

CRESCENCE, *seine Schwester*

STANI, *ihr Sohn*

HELENE ALTENWYL

ALTENWYL

ANTOINETTE HECHINGEN

HECHINGEN

NEUHOFF *Theophil*

EDINE

NANNI } *Antoinettes Freundinnen*

HUBERTA

AGATHE, *Kammerjungfer*

NEUGEBAUER, *Sekretär*

LUKAS, *erster Diener bei Hans Karl*

VINZENZ, *ein neuer Diener*

EIN BERÜHMTER MANN

Bühlsche und Altenwylsche Diener

38

ERSTER AKT

Mittelgroßer Raum eines Wiener älteren Stadtpalais, als
Arbeitszimmer des Hausherrn eingerichtet.

ERSTE SZENE

Lukas herein mit Vinzenz.

LUKAS Hier ist das sogenannte Arbeitszimmer. Verwandtschaft und sehr gute Freunde werden hier hereingeführt,
oder nur wenn speziell gesagt wird, in den grünen Salon.

VINZENZ (*tritt ein*) Was arbeitet er? Majoratsverwaltung?
Oder was? Politische Sachen?

LUKAS Durch diese Spalettür kommt der Sekretär herein.

VINZENZ Privatsekretär hat er auch? Das sind doch Hunger-
leider! Verfehlte Existenzen! Hat er bei ihm was zu sagen?

LUKAS Hier geht's durch ins Toilettezimmer. Dort werden
wir jetzt hineingehen und Smoking und Frack herrichten
zur Auswahl je nachdem, weil nichts Spezielles angeordnet
ist.

VINZENZ (*schnüffelt an allen Möbeln herum*) Also was? Sie wollen mir jetzt den Dienst zeigen? Es hätte Zeit gehabt bis
morgen früh, und wir hätten uns jetzt kollegial unterhalten
können. Was eine Herrenbedienung ist, das ist mir seit
vielen Jahren zum Bewußtsein gekommen, also beschrän-
ken Sie sich auf das Nötige; damit meine ich die Beson-
derheiten. Also was? Fangen Sie schon an!

LUKAS (*richtet ein Bild, das nicht ganz gerade hängt*) Er kann
kein Bild und keinen Spiegel schief hängen sehen. Wenn er
anfängt, alle Laden aufzusperren oder einen verlegten
Schlüssel zu suchen, dann ist er sehr schlechter Laune.

VINZENZ Lassen Sie jetzt solche Lappalien. Sie haben mir
doch gesagt, daß die Schwester und der Neffe, die hier im
Hause wohnen, auch jedesmal angemeldet werden müssen.

LUKAS (*putzt mit dem Taschentuch an einem Spiegel*) Genau wie jeder Besuch. Darauf hält er sehr streng.

VINZENZ Was steckt da dahinter? Da will er sie sich vom Leibe halten. Warum läßt er sie dann hier wohnen? Er wird doch mehrere Häuser haben? Das sind doch seine Erben. Die wünschen doch seinen Tod.

LUKAS Die Frau Gräfin Crescence und der Graf Stani? Ja, da sei Gott vor! Ich weiß nicht, wie Sie mir vorkommen!

VINZENZ Lassen Sie Ihre Ansichten. Was bezweckt er also, wenn er die im Haus hat? Das interessiert mich. Nämlich: es wirft ein Licht auf gewisse Absichten. Die muß ich kennen, bevor ich mich mit ihm einlasse.

LUKAS Auf was für gewisse Absichten?

VINZENZ Wiederholen Sie nicht meine Worte! Für mich ist das eine ernste Sache. Konvenierendenfalls ist das hier eine Unterbringung für mein Leben. Wenn Sie sich zurückgezogen haben als Verwalter, werde ich hier alles in die Hand nehmen. Das Haus paßt mir eventuell soweit nach allem, was ich höre. Aber ich will wissen, woran ich bin. Wenn er sich die Verwandten da ins Haus setzt, heißt das soviel als: er will ein neues Leben anfangen. Bei seinem Alter und nach der Kriegszeit ist das ganz erklärlich. Wenn man einmal die geschlagene Vierzig auf dem Rücken hat. —

LUKAS Der Erlaucht vierzigster Geburtstag ist kommendes Jahr.

VINZENZ Kurz und gut, er will ein Ende machen mit den Weibergeschichten. Er hat genug von den Spanponaden.

LUKAS Ich verstehe Ihr Gewäsch nicht.

VINZENZ Aber natürlich verstehen Sie mich ganz gut, Sie Herr Schätz. — Es stimmt das insofern mit dem überein, was mir die Portierin erzählt hat. Jetzt kommt alles darauf an: geht er mit der Absicht um, zu heiraten? In diesem Fall kommt eine legitime Weiberwirtschaft ins Haus, was hab' ich da zu suchen? — Oder er will sein Leben als Junggeselle mit mir beschließen! Äußern Sie mir also darüber Ihre

Vermutungen. Das ist der Punkt, der für mich der Hauptpunkt ist, nämlich — (*Lukas räuspert sich*) Was erschrecken Sie mich?

LUKAS Er steht manchmal im Zimmer, ohne daß man ihn gehen hört.

VINZENZ Was bezweckt er damit? Will er einen hineinlegen? Ist er überhaupt so heimtückisch?

LUKAS In diesem Fall haben Sie lautlos zu verschwinden.

VINZENZ Das sind mir ekelhafte Gewohnheiten. Die werde ich ihm zeitig abgewöhnen.

ZWEITE SZENE

HANS KARL (*ist leise eingetreten*) Bleiben Sie nur, Lukas. Sind Sie's, Neugebauer?

Vinzenz steht seitwärts im Dunkeln.

LUKAS Erlaucht melde untertänigst, das ist der neue Diener, der vier Jahre beim Durchlaucht Fürst Palm war.

HANS KARL Machen Sie nur weiter mit ihm. Der Herr Neugebauer soll herüberkommen mit den Akten, betreffend Hohenbühl. Im übrigen bin ich für niemand zu Hause.

Man hört eine Glocke.

LUKAS Das ist die Glocke vom kleinen Vorzimmer. (*Geht*)

Vinzenz bleibt. Hans Karl ist an den Schreibtisch getreten.

DRITTE SZENE

LUKAS (*tritt ein und meldet*) Frau Gräfin Freudenberg.

Crescence ist gleich nach ihm eingetreten. Lukas tritt ab, Vinzenz ebenfalls.

CRESCENCE Stört man dich, Kari? Pardon —

HANS KARL Aber, meine gute Crescence.

CRESCENCE Ich geh' hinauf, mich anziehen — für die Soiree.

HANS KARL Bei Altenwyls?

CRESCENCE Du erscheinst doch auch? Oder nicht? Ich möchte nur wissen, mein Lieber.

HANS KARL Wenn's dir ganz gleich gewesen wäre, hätte ich mich eventuell später entschlossen und vom Kasino aus eventuell abtelephoniert. Du weißt, ich binde mich so ungern.

CRESCENCE Ah ja.

HANS KARL Aber wenn du auf mich gezählt hättest —

CRESCENCE Mein lieber Kari, ich bin alt genug, um allein nach Hause zu fahren — überdies kommt der Stani hin und holt mich ab. Also du kommst nicht?

HANS KARL Ich hätt' mir's gern noch überlegt.

CRESCENCE Eine Soiree wird nicht attraktiver, wenn man über sie nachdenkt, mein Lieber. Und dann hab' ich geglaubt, du hast dir draußen das viele Nachdenken ein bißl abgewöhnt. (*Setzt sich zu ihm, der beim Schreibtisch steht*) Sei Er gut, Kari, hab' Er das nicht mehr, dieses Unleidliche, Sprunghafte, Entschlußlose, daß man sich hat aufs Messer streiten müssen mit Seinen Freunden, weil der eine Ihn einen Hypochonder nennt, der andere einen Spielverderber, der dritte einen Menschen, auf den man sich nicht verlassen kann. — Du bist in einer so ausgezeichneten Verfassung zurückgekommen, jetzt bist du wieder so, wie du mit zweiundzwanzig Jahren warst, wo ich beinah verliebt war in meinen Bruder.

HANS KARL Meine gute Crescence, machst du mir Komplimente?

CRESCENCE Aber nein, ich sag's, wie's ist: da ist der Stani ein unbestechlicher Richter; er findet dich einfach den ersten Herrn in der großen Welt, bei ihm heißt's jetzt Onkel Kari hin, Onkel Kari her, man kann ihm kein größeres Kompliment machen, als daß er dir ähnlich sieht, und das tut er ja auch — in den Bewegungen ist er ja dein zweites

Selbst —, er kennt nichts Eleganteres als die Art, wie du die Menschen behandelst, das große Air, die distance, die du allen Leuten gibst — dabei die komplette Gleichmäßigkeit und Bonhomie auch gegen den Niedrigsten — aber er hat natürlich, wie ich auch, deine Schwächen heraus; er adoriert den Entschluß, die Kraft, das Definitive, er haßt den Wiegel-Wagel, darin ist er wie ich!

HANS KARL Ich gratulier' dir zu deinem Sohn, Crescence. Ich bin sicher, daß du immer viel Freud' an ihm erleben wirst.

CRESCENCE Aber — pour revenir à nos moutons, Herr Gott, wenn mann durchgemacht hat, was du durchgemacht hast, und sich dabei benommen hat, als wenn es nichts wäre —

HANS KARL (geniert) Das hat doch jeder getan!

CRESCENCE Ah, pardon, jeder nicht. Aber da hätte ich doch geglaubt, daß man seine Hypochondrien überwunden haben könnte!

HANS KARL Die vor den Leuten in einem Salon hab' ich halt noch immer. Eine Soiree ist mir ein Graus, ich kann mir halt nicht helfen. Ich begreife noch allenfalls, daß sich Leute finden, die ein Haus machen, aber nicht, daß es welche gibt, die hingehen.

CRESCENCE Also wovor fürchtest du dich? Das muß sich doch diskutieren lassen. Langweilen dich die alten Leut'?

HANS KARL Ah, die sind ja charmant, die sind so artig.

CRESCENCE Oder gehen dir die Jungen auf die Nerven?

HANS KARL Gegen die hab' ich gar nichts. Aber die Sache selber ist mir halt so eine horreur, weißt du, das Ganze — das Ganze ist so ein unentwirrbarer Knäuel von Mißverständnissen. Ah, diese chronischen Mißverständnisse!

CRESCENCE Nach allem, was du draußen durchgemacht hast, ist mir das eben unbegreiflich, daß man da nicht abgehärtet ist.

HANS KARL Crescence, das macht einen ja nicht weniger empfindlich, sondern mehr. Wieso verstehst du das nicht?

Mir können über eine Dummheit die Tränen in die Augen
kommen — oder es wird mir heiß vor Gene über eine
ganze Kleinigkeit, über eine Nuance, die kein Mensch
merkt, oder es passiert mir, daß ich ganz laut sag', was ich
mir denk' — das sind doch unmögliche Zuständ', um unter
Leut' zu gehen. Ich kann dir gar nicht definieren, aber es ist
stärker als ich. Aufrichtig gestanden: ich habe vor zwei
Stunden Auftrag gegeben, bei Altenwyls abzusagen.
Vielleicht eine andere Soiree, nächstens, aber die nicht.

CRESCENCE Die nicht. Also warum grad die nicht?

HANS KARL Es ist stärker als ich, so ganz im allgemeinen.

CRESCENCE Wenn du sagst, im allgemeinen, so meinst du was
Spezielles.

HANS KARL Nicht die Spur, Crescence.

CRESCENCE Natürlich. Aha. Also, in diesem Punkt kann ich
dich beruhigen.

HANS KARL In welchem Punkt?

CRESCENCE Was die Helen betrifft.

HANS KARL Wie kommst du auf die Helen?

CRESCENCE Mein Lieber, ich bin weder taub noch blind, und
daß die Helen von ihrem fünfzehnten Lebensjahr an bis vor
kurzem, na, sagen wir, bis ins zweite Kriegsjahr, in dich
verliebt war bis über die Ohren, dafür hab' ich meine
Indizien, erstens, zweitens und drittens.

HANS KARL Aber Crescence, da redest du dir etwas ein —

CRESCENCE Weißt du, daß ich mir früher, so vor drei, vier
Jahren, wie sie eine ganz junge Debütantin war, eingebildet
hab', das wär' die eine Person auf der Welt, die dich
fixieren könnt', die deine Frau werden könnt'. Aber ich
bin zu Tode froh, daß es nicht so gekommen ist. Zwei so
komplizierte Menschen, das tut kein gut.

HANS KARL Du tust mir zuviel Ehre an. Ich bin der unkom-
plizierteste Mensch von der Welt. (*Er hat eine Lade am
Schreibtisch herausgezogen*) Aber ich weiß gar nicht, wie du
auf die Idee — ich bin der Helen attachiert, sie ist doch eine

Art von Cousine, ich hab' sie so klein gekannt — sie
könnte meine Tochter sein. (*Sucht in der Lade nach etwas*)

CRESCENCE Meine schon eher. Aber ich möcht' sie nicht als
Tochter. Und ich möcht' erst recht nicht diesen Baron
Neuhoff als Schwiegersohn.

HANS KARL Den Neuhoff? Ist das eine so ernste Geschichte?

CRESCENCE Sie wird ihn heiraten. (*Hans Karl stößt die Lade zu*)
Ich betrachte es als vollzogene Tatsache, dem zu Trotz, daß
er ein wildfremder Mensch ist, dahergeschneit aus irgendeiner Ostseeprovinz, wo sich die Wölf' gute Nacht sagen —

HANS KARL Geographie war nie deine Stärke. Crescence, die
Neuhoffs sind eine holsteinische Familie.

CRESCENCE Aber das ist doch ganz gleich. Kurz, wildfremde
Leut'.

HANS KARL Übrigens eine ganz erste Familie. So gut alliiert,
als man überhaupt sein kann.

CRESCENCE Aber, ich bitt' dich, das steht im Gotha. Wer kann
denn das von hier aus kontrollieren?

HANS KARL Du bist aber sehr acharniert gegen den Menschen.

CRESCENCE Es ist aber auch danach! Wenn eins der ersten
Mädeln, wie die Helen, sich auf einem wildfremden Menschen entêtiert, dem zu Trotz, daß er hier in seinem Leben
keine Position haben wird —

HANS KARL Glaubst du?

CRESCENCE In seinem Leben! dem zu Trotz, daß sie sich aus
seiner Suada nichts macht, kurz, sich und der Welt zu
Trotz — (*Eine kleine Pause. Hans Karl zieht mit einiger
Heftigkeit eine andere Lade heraus*) Kann ich dir suchen helfen?
Du enervierst dich.

HANS KARL Ich dank' dir tausendmal, ich such' eigentlich gar
nichts, ich hab' den falschen Schlüssel hineingesteckt.

SEKRETÄR (*erscheint an der kleinen Tür*) Oh, ich bitte untertänigst um Verzeihung.

HANS KARL Ein bissel später bin ich frei, lieber Neugebauer.

Sekretär zieht sich zurück.

CRESCENCE (*tritt an den Tisch*) Kari, wenn dir nur ein ganz
kleiner Gefallen damit geschieht, so hintertreib' ich diese
Geschichte.

HANS KARL Was für eine Geschichte?

CRESCENCE Die, von der wir sprechen: Helen — Neuhoff.
Ich hintertreib' sie von heut' auf morgen.

HANS KARL Was?

CRESCENCE Ich nehm' Gift darauf, daß sie heute noch genau so
verliebt in dich ist wie vor sechs Jahren, und daß es nur ein
Wort, nur den Schatten einer Andeutung braucht —

HANS KARL Die ich dich doch um Gottes willen nicht zu
machen bitte —

CRESCENCE Ah so, bitte sehr. Auch gut.

HANS KARL Meine Liebe, allen Respekt vor deiner energi-
schen Art, aber so einfach sind doch gottlob die Menschen
nicht.

CRESCENCE Mein Lieber, die Menschen sind gottlob sehr
einfach, wenn man sie einfach nimmt. Ich seh' also, daß
diese Nachricht kein großer Schlag für dich ist. Um so
besser — du hast dich von der Helen desinteressiert, ich
nehm' das zur Kenntnis.

HANS KARL (*aufstehend*) Aber ich weiß nicht, wie du nur auf
den Gedanken kommst, daß ich es nötig gehabt hätt', mich
zu desinteressieren. Haben denn andere Personen auch diese
bizarren Gedanken?

CRESCENCE Sehr wahrscheinlich.

HANS KARL Weißt du, daß mir das direkt Lust macht, hinzu-
gehen?

CRESCENCE Und dem Theophil deinen Segen zu geben? Er
wird entzückt sein. Er wird die größten Bassessen machen,
um deine Intimität zu erwerben.

HANS KARL Findest du nicht, daß es sehr richtig gewesen wäre,
wenn ich mich unter diesen Umständen schon längst bei
Altenwyls gezeigt hätte? Es tut mir außerordentlich leid,
daß ich abgesagt habe.

CRESCENCE Also laß wieder anrufen: es war ein Mißverständnis durch einen neuen Diener und du wirst kommen.

Lukas tritt ein.

HANS KARL (*zu Crescence*) Weißt du, ich möchte es doch noch
überlegen.

LUKAS Ich hätte für später untertänigst jemanden anzumelden.

CRESCENCE (*zu Lukas*) Ich geh'. Telephonieren Sie schnell zum
Grafen Altenwyl, Seine Erlaucht würden heut' abend dort
erscheinen. Es war ein Mißverständnis.

Lukas sieht Hans Karl an.

HANS KARL (*ohne Lukas anzusehen*) Da müßt' er allerdings auch
noch vorher ins Kasino telephonieren, ich lass' den Grafen
Hechingen bitten, zum Diner und auch nachher nicht auf
mich zu warten.

CRESCENCE Natürlich, das macht er gleich. Aber zuerst zum
Grafen Altenwyl, damit die Leut' wissen, woran sie sind.

Lukas ab.

CRESCENCE (*steht auf*) So, und jetzt lass' ich dich deinen
Geschäften. (*Im Gehen*) Mit welchem Hechingen warst du
besprochen? Mit dem Nandi?

HANS KARL Nein, mit dem Adolf.

CRESCENCE (*kommt zurück*) Der Antoinette ihrem Mann? Ist
er nicht ein kompletter Dummkopf?

HANS KARL Weißt du, Crescence, darüber hab' ich gar kein
Urteil. Mir kommt bei Konversationen auf die Länge alles
sogenannte Gescheite dumm und noch eher das Dumme
gescheit vor —

CRESCENCE Und ich bin von vornherein überzeugt, daß an
ihm mehr ist als an ihr.

HANS KARL Weißt du, ich hab' ihn ja früher gar nicht gekannt, oder — (*Er hat sich gegen die Wand gewendet und richtet
an einem Bild, das nicht gerade hängt*) nur als Mann seiner

47

Frau — und dann draußen, da haben wir uns miteinander angefreundet. Weißt du, er ist ein so völlig anständiger Mensch. Wir waren miteinander, im Winter Fünfzehn, zwanzig Wochen in der Stellung in den Waldkarpathen, ich mit meinen Schützen und er mit seinen Pionieren, und wir haben das letzte Stückl Brot miteinander geteilt. Ich hab' sehr viel Respekt vor ihm bekommen. Brave Menschen hat's draußen viele gegeben, aber ich habe nie einen gesehen, der vis-à-vis dem Tod sich eine solche Ruhe bewahrt hätte, beinahe eine Art Behaglichkeit.

CRESCENCE Wenn dich seine Verwandten reden hören könnten, die würden dich umarmen. So geh hin zu dieser Närrin und versöhn sie mit dem Menschen, du machst zwei Familien glücklich. Diese ewig in der Luft hängende Idee einer Scheidung oder Trennung, g'hupft wie g'sprungen, geht ja allen auf die Nerven. Und außerdem wär' es für dich selbst gut, wenn die Geschichte in eine Form käme.

HANS KARL Inwiefern das?

CRESCENCE Also, damit ich dir's sage: es gibt Leut', die den ungereimten Gedanken aussprechen, wenn die Ehe annulliert werden könnt', du würdest sie heiraten. (*Hans Karl schweigt*) Ich sag' ja nicht, daß es seriöse Leut' sind, die diesen bei den Haaren herbeigezogenen Unsinn zusammenreden. (*Hans Karl schweigt*) Hast du sie schon besucht, seit du aus dem Feld zurück bist?

HANS KARL Nein, ich sollte natürlich.

CRESCENCE (*nach der Seite sehend*) So besuch sie doch morgen und red ihr ins Gewissen.

HANS KARL (*bückt sich, wie um etwas aufzuheben*) Ich weiß wirklich nicht, ob ich gerade der richtige Mensch dafür wäre.

CRESCENCE Du tust sogar direkt ein gutes Werk. Dadurch gibst du ihr deutlich zu verstehen, daß sie auf dem Holzweg war, wie sie mit aller Gewalt sich hat vor zwei Jahren mit dir affichieren wollen.

HANS KARL (*ohne sie anzusehen*) Das ist eine Idee von dir.

CRESCENCE Ganz genau so, wie sie es heut' auf den Stani abgesehen hat.

HANS KARL (*erstaunt*) Deinen Stani?

CRESCENCE Seit dem Frühjahr. (*Sie war bis zur Tür gegangen, kehrt wieder um, kommt bis zum Schreibtisch*) Er könnte mir da einen großen Gefallen tun, Kari —

HANS KARL Aber ich bitte doch um Gottes willen, so sag' Sie doch! (*Er bietet ihr Platz an, sie bleibt stehen*)

CRESCENCE Ich schick' Ihm den Stani auf einen Moment herunter. Mach' Er ihm den Standpunkt klar. Sag' Er ihm, daß die Antoinette — eine Frau ist, die einen unnötig kompromittiert. Kurz und gut, verleid' Er sie ihm.

HANS KARL Ja, wie stellst du dir denn das vor? Wenn er verliebt in sie ist?

CRESCENCE Aber Männer sind doch nie so verliebt, und du bist doch das Orakel für den Stani. Wenn du die Konversation benützen wolltest — versprichst du mir's?

HANS KARL Ja, weißt du — wenn sich ein zwangloser Übergang findet —

CRESCENCE (*ist wieder bis zur Tür gegangen, spricht von dort aus*) Du wirst schon das Richtige finden. Du machst dir keine Idee, was du für eine Autorität für ihn bist. (*Im Begriff hinauszugehen, macht sie wiederum kehrt, kommt bis an den Schreibtisch vor*) Sag ihm, daß du sie unelegant findest — und daß du dich nie mit ihr eingelassen hättest. Dann läßt er sie von morgen an stehen. (*Sie geht wieder zur Tür, das gleiche Spiel*) Weißt du, sag's ihm nicht zu scharf, aber auch nicht gar zu leicht. Nicht gar zu sous-entendu. Und daß er ja keinen Verdacht hat, daß es von mir kommt — er hat die fixe Idee, ich will ihn verheiraten, natürlich will ich, aber — er darf's nicht merken: darin ist er ja so ähnlich mit dir: die bloße Idee, daß man ihn beeinflussen möcht'! — (*Noch einmal das gleiche Spiel*) Weißt du, mir liegt sehr viel daran, daß es heute noch gesagt wird, wozu einen Abend verlieren?

Auf die Weise hast du auch dein Programm: du machst der
Antoinette klar, wie du das Ganze mißbilligst — du bringst
sie auf ihre Ehe — du singst dem Adolf sein Lob — so hast
du eine Mission, und der ganze Abend hat einen Sinn für
dich. (*Sie geht*)

VIERTE SZENE

VINZENZ (*ist von rechts hereingekommen, sieht sich zuerst um, ob
Crescence fort ist, dann*) Ich weiß nicht, ob der erste Diener
gemeldet hat, es ist draußen eine jüngere Person, eine
Kammerfrau oder so etwas —

HANS KARL Um was handelt sich's?

VINZENZ Sie kommt von der Frau Gräfin Hechingen nämlich. Sie scheint so eine Vertrauensperson zu sein. (*Nochmals näher tretend*) Eine verschämte Arme ist es nicht.

HANS KARL Ich werde das alles selbst sehen, führen Sie sie
herein.

Vinzenz rechts ab.

FÜNFTE SZENE

LUKAS (*schnell herein durch die Mitte*) Ist untertänigst Euer
Erlaucht gemeldet worden? Von Frau Gräfin Hechingen
die Kammerfrau, die Agathe. Ich habe gesagt: Ich weiß
durchaus nicht, ob Erlaucht zu Hause sind.

HANS KARL Gut. Ich habe sagen lassen, ich bin da. Haben
Sie zum Grafen Altenwyl telephoniert?

LUKAS Ich bitte Erlaucht untertänigst um Vergebung. Ich
habe bemerkt, Erlaucht wünschen nicht, daß telephoniert
wird, wünschen aber auch nicht, der Frau Gräfin zu wider-
sprechen — so habe ich vorläufig nichts telephoniert.

HANS KARL (*lächelnd*) Gut, Lukas. (*Lukas geht bis an die Tür*)
Lukas, wie finden Sie den neuen Diener?

LUKAS (*zögernd*) Man wird vielleicht sehen, wie er sich
macht.

HANS KARL Unmöglicher Mann. Auszahlen. Wegexpedieren!

LUKAS Sehr wohl, Euer Erlaucht. So hab' ich mir gedacht.

HANS KARL Heute abend nichts erwähnen. |

SECHSTE SZENE

Vinzenz führt Agathe herein. Beide Diener ab.

HANS KARL Guten Abend, Agathe.

AGATHE Daß ich Sie sehe, Euer Gnaden Erlaucht! Ich zittre ja.

HANS KARL Wollen Sie sich nicht setzen?

AGATHE (*stehend*) Oh, Euer Gnaden, seien nur nicht ungehalten darüber, daß ich gekommen bin, statt dem Brandstätter.

HANS KARL Aber liebe Agathe, wir sind ja doch alte Bekannte. Was bringt Sie denn zu mir?

AGATHE Mein Gott, das wissen doch Erlaucht. Ich komm' wegen der Briefe. (*Hans Karl ist betroffen*) O Verzeihung, o Gott, es ist ja nicht zum Ausdenken, wie mir meine Frau Gräfin eingeschärft hat, durch mein Betragen nichts zu verderben.

HANS KARL (*zögernd*) Die Frau Gräfin hat mir allerdings geschrieben, daß gewisse in meiner Hand befindliche, ihr gehörige Briefe würden von einem Herrn Brandstätter am Fünfzehnten abgeholt werden. Heute ist der Zwölfte, aber ich kann natürlich die Briefe auch Ihnen übergeben. Sofort, wenn es der Wunsch der Frau Gräfin ist. Ich weiß ja, Sie sind der Frau Gräfin sehr ergeben.

AGATHE Gewisse Briefe — wie Sie das sagen, Erlaucht. Ich weiß ja doch, was das für Briefe sind.

HANS KARL (*kühl*) Ich werde sofort den Auftrag geben.

AGATHE Wenn sie uns so beisammen sehen könnte, meine Frau Gräfin. Das wäre ihr eine Beruhigung, eine kleine Linderung. (*Hans Karl fängt an, in der Lade zu suchen*) Nach diesen entsetzlichen sieben Wochen, seitdem wir wissen,

51

daß unser Herr Graf aus dem Felde zurück ist und wir kein
Lebenszeichen von ihm haben —

HANS KARL (*sieht auf*) Sie haben vom Grafen Hechingen kein
Lebenszeichen?

AGATHE Von dem! Wenn ich sage 'unser Herr Graf', das
heißt in unserer Sprache Sie, Erlaucht! Vom Grafen
Hechingen sagen wir nicht 'unser Herr Graf'!

HANS KARL (*sehr geniert*) Ah, pardon, das konnte ich nicht
wissen.

AGATHE (*schüchtern*) Bis heute nachmittag haben wir ja geglaubt, daß heute bei der gräflich Altenwylschen Soiree das
Wiedersehen sein wird. Da telephoniert mir die Jungfer
von der Komtesse Altenwyl: Er hat abgesagt! (*Hans Karl
steht auf*) Er hat abgesagt, Agathe, ruft die Frau Gräfin,
abgesagt, weil er gehört hat, daß ich hinkomme! Dann ist
doch alles vorbei, und dabei schaut sie mich an mit einem
Blick, der einen Stein erweichen könnte.

HANS KARL (*sehr höflich, aber mit dem Wunsche, ein Ende zu
machen*) Ich fürchte, ich habe die gewünschten Briefe nicht
hier in meinem Schreibtisch, ich werde gleich meinen
Sekretär rufen.

AGATHE O Gott, in der Hand eines Sekretärs sind diese
Briefe! Das dürfte meine Frau Gräfin nie erfahren!

HANS KARL Die Briefe sind natürlich eingesiegelt.

AGATHE Eingesiegelt! So weit ist es schon gekommen?

HANS KARL (*spricht ins Telephon*) Lieber Neugebauer, wenn
Sie für einen Augenblick herüberkommen würden! Ja,
ich bin jetzt frei — Aber ohne die Akten — es handelt sich
um etwas anderes. Augenblicklich? Nein, rechnen Sie nur
zu Ende. In drei Minuten, das genügt.

AGATHE Er darf mich nicht sehen, er kennt mich von früher!

HANS KARL Sie können in die Bibliothek treten, ich mach'
Ihnen Licht.

AGATHE Wie hätten wir uns denn das denken können, daß
alles auf einmal vorbei ist.

HANS KARL (*im Begriff, sie hinüberzuführen, bleibt stehen, runzelt die Stirn*) Liebe Agathe, da Sie ja von allem informiert sind — ich verstehe nicht ganz, ich habe ja doch der Frau Gräfin aus dem Feldspital einen langen Brief geschrieben, dieses Frühjahr.

AGATHE Ja, den abscheulichen Brief.

HANS KARL Ich verstehe Sie nicht. Es war ein sehr freundschaftlicher Brief.

AGATHE Das war ein perfider Brief. So gezittert haben wir, als wir ihn gelesen haben, diesen Brief. Erbittert waren wir und gedemütigt!

HANS KARL Ja, worüber denn, ich bitt' Sie um alles!

AGATHE (*sieht ihn an*) Darüber, daß Sie darin den Grafen Hechingen so herausgestrichen haben — und gesagt haben, auf die Letzt ist ein Mann wie der andere, und ein jeder kann zum Ersatz für einen jeden genommen werden.

HANS KARL Aber so habe ich mich doch gar nicht ausgedrückt. Das waren doch niemals meine Gedanken!

AGATHE Aber das war der Sinn davon. Ah, wir haben den Brief oft und oft gelesen! Das, hat meine Frau Gräfin ausgerufen, das ist also das Resultat der Sternennächte und des einsamen Nachdenkens, dieser Brief, wo er mir mit dürren Worten sagt: ein Mann ist wie der andere, unsere Liebe war nur eine Einbildung, vergiß mich, nimm wieder den Hechingen —

HANS KARL Aber nichts von allen diesen Worten ist in dem Brief gestanden.

AGATHE Auf die Worte kommt's nicht an. Aber den Sinn haben wir gut herausbekommen. Diesen demütigenden Sinn, diese erniedrigenden Folgerungen. Oh, das wissen wir genau. Dieses Sichselbsterniedrigen ist eine perfide Kunst. Wo der Mann sich anklagt in einer Liebschaft, da klagt er die Liebschaft an. Und im Handumdrehen sind wir die Angeklagten.

Hans Karl schweigt.

AGATHE (*einen Schritt näher tretend*) Ich habe gekämpft für unsern Herrn Grafen, wie meine Frau Gräfin gesagt hat: Agathe, du wirst es sehen, er will die Komtesse Altenwyl heiraten, und nur darum will er meine Ehe wieder zusammenleimen.

HANS KARL Das hat die Frau Gräfin mir zugemutet?

AGATHE Das waren ihre bösesten Stunden, wenn sie über dem gegrübelt hat. Dann ist wieder ein Hoffnungsstrahl gekommen. Nein, vor der Helen, hat sie dann gerufen, nein, vor der fürcht' ich mich nicht — denn die lauft ihm nach; und wenn dem Kari eine nachlauft, die ist bei ihm schon verloren, und sie verdient ihn auch nicht, denn sie hat kein Herz.

HANS KARL (*richtet etwas*) Wenn ich Sie überzeugen könnte —

AGATHE Aber dann plötzlich wieder die Angst —

HANS KARL Wie fern mir das alles liegt —

AGATHE O Gott, ruft sie aus, er war noch nirgends! Wenn das bedeutungsvoll sein sollte —

HANS KARL Wie fern mir das liegt!

AGATHE Wenn er vor meinen Augen sich mit ihr verlobt —

HANS KARL Wie kann nur die Frau Gräfin —

AGATHE Oh, so etwas tun Männer, aber Sie tun's nicht, nicht wahr, Erlaucht?

HANS KARL Es liegt mir nichts in der Welt ferner, meine liebe Agathe.

AGATHE Oh, küss' die Hände, Erlaucht! (*Küßt ihm schnell die Hand*)

HANS KARL (*entzieht ihr die Hand*) Ich höre meinen Sekretär kommen.

AGATHE Denn wir wissen ja, wir Frauen, daß so etwas Schönes nicht für die Ewigkeit ist. Aber, daß es deswegen auf einmal plötzlich aufhören soll, in das können wir uns nicht hineinfinden!

HANS KARL Sie sehen mich dann. Ich gebe Ihnen selbst die Briefe und — Herein! Kommen Sie nur, Neugebauer.

Agathe rechts ab.

SIEBENTE SZENE

NEUGEBAUER (*tritt ein*) Euer Erlaucht haben befohlen.

HANS KARL Wenn Sie die Freundlichkeit hätten, meinem Gedächtnis etwas zu Hilfe zu kommen. Ich suche ein Paket Briefe — es sind private Briefe, versiegelt — ungefähr zwei Finger dick.

NEUGEBAUER Mit einem von Euer Erlaucht darauf geschriebenen Datum? Juni 15 bis 22. Oktober 16?

HANS KARL Ganz richtig. Sie wissen —

NEUGEBAUER Ich habe dieses Konvolut unter den Händen gehabt, aber ich kann mich im Moment nicht besinnen. Im Drang der Geschäfte unter so verschiedenartigen Agenden, die täglich zunehmen —

HANS KARL (*ganz ohne Vorwurf*) Es ist mir unbegreiflich, wie diese ganz privaten Briefe unter die Akten geraten sein können —

NEUGEBAUER Wenn ich befürchten müßte, daß Euer Erlaucht den leisesten Zweifel in meine Diskretion setzen —

HANS KARL Aber das ist mir ja gar nicht eingefallen.

NEUGEBAUER Ich bitte, mich sofort nachsuchen zu lassen; ich werde alle meine Kräfte daransetzen, dieses höchst bedauerliche Vorkommnis aufzuklären.

HANS KARL Mein lieber Neugebauer, Sie legen dem ganzen Vorfall viel zu viel Gewicht bei.

NEUGEBAUER Ich habe schon seit einiger Zeit die Bemerkung gemacht, daß etwas an mir neuerdings Euer Erlaucht zur Ungeduld reizt. Allerdings war mein Bildungsgang ganz auf das Innere gerichtet, und wenn ich dabei vielleicht keine tadellosen Salonmanieren erworben habe, so wird dieser Mangel vielleicht in den Augen eines wohlwollenden Beurteilers aufgewogen werden können durch Qualitäten, die persönlich hervorheben zu müssen meinem Charakter allerdings nicht leicht fallen würde.

HANS KARL Ich zweifle keinen Augenblick, lieber Neugebauer.

Sie machen mir den Eindruck, überanstrengt zu sein. Ich möchte Sie bitten, sich abends etwas früher freizumachen. Machen Sie doch jeden Abend einen Spaziergang mit Ihrer Braut. (*Neugebauer schweigt*) Falls es private Sorgen sind, die Sie irritieren, vielleicht könnte ich in irgendeiner Beziehung erleichternd eingreifen.

NEUGEBAUER Euer Erlaucht nehmen an, daß es sich bei unsereinem ausschließlich um das Materielle handeln könnte.

HANS KARL Ich habe gar nicht solches sagen wollen. Ich weiß, Sie sind Bräutigam, also gewiß glücklich —

NEUGEBAUER Ich weiß nicht, ob Euer Erlaucht auf die Beschließerin von Schloß Hohenbühl anspielen?

HANS KARL Ja, mit der Sie doch seit fünf Jahren verlobt sind.

NEUGEBAUER Meine gegenwärtige Verlobte ist die Tochter eines höheren Beamten. Sie war die Braut meines besten Freundes, der vor einem halben Jahr gefallen ist. Schon bei Lebzeiten ihres Verlobten bin ich ihrem Herzen nahegestanden — und ich habe es als ein heiliges Vermächtnis des Gefallenen betrachtet, diesem jungen Mädchen eine Stütze fürs Leben zu bieten.

HANS KARL (*zögernd*) Und die frühere langjährige Beziehung?

NEUGEBAUER Die habe ich natürlich gelöst. Selbstverständlich in der vornehmsten und gewissenhaftesten Weise.

HANS KARL Ah!

NEUGEBAUER Ich werde natürlich allen nach dieser Seite hin eingegangenen Verpflichtungen nachkommen und diese Last schon in die junge Ehe mitbringen. Allerdings keine Kleinigkeit. (*Hans Karl schweigt*) Vielleicht ermessen Euer Erlaucht doch nicht zur Genüge, mit welchem bitteren, sittlichen Ernst das Leben in unsern glanzlosen Sphären behaftet ist, und wie es sich hier nur darum handeln kann, für schwere Aufgaben noch schwerere einzutauschen.

HANS KARL Ich habe gemeint, wenn man heiratet, so freut man sich darauf.

NEUGEBAUER Der persönliche Standpunkt kann in unserer bescheidenen Welt nicht maßgebend sein.

HANS KARL Gewiß, gewiß. Also Sie werden mir die Briefe möglichst finden.

NEUGEBAUER Ich werde nachforschen, und wenn es sein müßte, bis Mitternacht. (*Ab*)

HANS KARL (*vor sich*) Was ich nur an mir habe, daß alle Menschen so tentiert sind, mir eine Lektion zu erteilen, und daß ich nie ganz bestimmt weiß, ob sie nicht das Recht dazu haben.

ACHTE SZENE

STANI (*steht in der Mitteltür, im Frack*) Pardon, nur um dir guten Abend zu sagen, Onkel Kari, wenn man dich nicht stört.

HANS KARL (*war nach rechts gegangen, bleibt jedoch stehen*) Aber gar nicht. (*Bietet ihm Platz an und eine Zigarette*)

STANI (*nimmt die Zigarette*) Aber natürlich chipotiert's dich, wenn man unangemeldet hereinkommt. Darin bist du ganz wie ich. Ich hass' es auch, wenn man mir die Tür einrennt. Ich will immer zuerst meine Ideen ein bißl ordnen.

HANS KARL Ich bitte, genier dich nicht, du bist doch zu Hause.

STANI O pardon, ich bin bei dir —

HANS KARL Setz dich doch.

STANI Nein wirklich, ich hätte nie gewagt, wenn ich nicht so deutlich die krähende Stimm' vom Neugebauer —

HANS KARL Er ist im Moment gegangen.

STANI Sonst wäre ich ja nie — Nämlich der neue Diener lauft mir vor fünf Minuten im Korridor nach und meldet mir, notabene ungefragt, du hättest die Jungfer von der Antoinette Hechingen bei dir und wärest schwerlich zu sprechen.

HANS KARL (*halblaut*) Ah, das hat er dir — ein reizender Mann!

STANI Da wäre ich ja natürlich unter keinen Umständen —

HANS KARL Sie hat ein paar Bücher zurückgebracht.

STANI Die Toinette Hechingen liest Bücher?

HANS KARL Es scheint. Ein paar alte französische Sachen.

STANI Aus dem Dixhuitième. Das paßt zu ihren Möbeln.
(*Hans Karl schweigt*) Das Boudoir ist charmant. Die kleine
Chaiselongue! Sie ist signiert.

HANS KARL Ja, die kleine Chaiselongue. Riesener.

STANI Ja, Riesener. Was du für ein Namengedächtnis hast!
Unten ist die Signatur.

HANS KARL Ja, unten am Fußende.

STANI Sie verliert immer ihre kleinen Kämme aus den
Haaren, und wenn man sich dann bückt, um die zusam-
menzusuchen, dann sieht man die Inschrift. (*Hans Karl geht
nach rechts hinüber und schließt die Tür nach der Bibliothek*)
Zieht's dir, bist du empfindlich?

HANS KARL Ja, meine Schützen und ich, wir sind da draußen
rheumatisch geworden wie die alten Jagdhunde.

STANI Weißt du, sie spricht charmant von dir, die Antoinette.

HANS KARL (*raucht*) Ah! —

STANI Nein, ohne Vergleich. Ich verdanke den Anfang
meiner Chance bei ihr ganz gewiß dem Umstand, daß sie
mich so fabelhaft ähnlich mit dir findet. Zum Beispiel
unsere Hände. Sie ist in Ekstase vor deinen Händen. (*Er
sieht seine eigene Hand an*) Aber bitte, erwähn nichts von
allem gegen die Mamu. Es ist halt ein weitgehender Flirt,
aber deswegen doch keine Bandelei. Aber die Mamu
übertreibt sich alles.

HANS KARL Aber mein guter Stani, wie käme ich denn auf das
Thema?

STANI Allmählich ist sie natürlich auch auf die Unterschiede
zwischen uns gekommen. Ça va sans dire.

HANS KARL Die Antoinette?

STANI Sie hat mir geschildert, wie der Anfang eurer Freundschaft war.

HANS KARL Ich kenne sie ja ewig lang.

STANI Nein, aber das vor zwei Jahren. Im zweiten Kriegsjahr. Wie du nach der ersten Verwundung auf Urlaub warst
die paar Tage in der Grünleiten.

HANS KARL Datiert sie von daher unsere Freundschaft?

STANI Natürlich. Seit damals bist du ihr großer Freund. Als
Ratgeber, als Vertrauter, als was du willst, einfach hors
ligne. Du hättest dich benommen wie ein Engel.

HANS KARL Sie übertreibt sehr leicht, die gute Antoinette.

STANI Aber sie hat mir ja haarklein erzählt, wie sie aus Angst
vor dem Alleinsein in der Grünleiten mit ihrem Mann, der
gerade auch auf Urlaub war, sich den Feri Uhlfeldt, der
damals wie der Teufel hinter ihr her war, auf den nächsten
Tag hinausbestellt, wie sie dann dich am Abend vorher im
Theater sieht und es wie eine Inspiration über sie kommt, sie
dich bittet, du solltest noch abends mit ihr hinausfahren und
den Abend mit ihr und dem Adolf zu dritt verbringen.

HANS KARL Damals hab' ich ihn noch kaum gekannt.

STANI Ja, das entre parenthèse, das begreift sie gar nicht!
Daß du dich später mit ihm hast so einlassen können. Mit
diesem öden Dummkopf, diesem Pedanten.

HANS KARL Da tut sie ihrem Mann unrecht, sehr!

STANI Na, da will ich mich nicht einmischen. Aber sie
erzählt das reizend.

HANS KARL Das ist ja ihre Stärke, diese kleinen Konfidenzen.

STANI Ja, damit fängt sie an. Diesen ganzen Abend, ich sehe
ihn vor mir, wie sie dann nach dem Souper dir den Garten
zeigt, die reizenden Terrassen am Fluß, wie der Mond
aufgeht —

HANS KARL Ah, so genau hat sie dir das erzählt.

STANI Und wie du in der einen nächtlichen Konversation die
Kraft gehabt hast, ihr den Feri Uhlfeldt vollkommen
auszureden. (*Hans Karl raucht und schweigt*) Das bewundere
ich ja so an dir: du redest wenig, bist so zerstreut und wirkst so
stark. Deswegen find' ich auch ganz natürlich, worüber sich
so viele Leut' den Mund zerreißen: daß du im Herrenhaus

seit anderthalb Jahren deinen Sitz eingenommen hast, aber
nie das Wort ergreifst. Vollkommen in der Ordnung ist
das für einen Herrn wie du bist! Ein solcher Herr spricht
eben durch seine Person! Oh, ich studier' dich. In ein paar
Jahren hab' ich das. Jetzt hab' ich noch zuviel Passion in mir.
Du gehst nie auf die Sache aus und hast so gar keine Suada,
das ist gerade das Elegante an dir. Jeder andere wäre in
dieser Situation ihr Liebhaber geworden.

HANS KARL (*mit einem nur in den Augen merklichen Lächeln*)
Glaubst du?

STANI Unbedingt. Aber ich versteh' natürlich sehr gut: in
deinen Jahren bist du zu serios dafür. Es tentiert dich nicht
mehr: so leg' ich mir's zurecht. Weißt du, das liegt so in
mir: ich denk' über alles nach. Wenn ich Zeit gehabt
hätt', auf der Universität zu bleiben — für mich: Wissen-
schaft, das wäre mein Fach gewesen. Ich wäre auf Sachen,
auf Probleme gekommen, auf Fragestellungen, an die andere Menschen gar nicht streifen. Für mich ist das Leben
ohne Nachdenken kein Leben. Zum Beispiel: Weiß man das
auf einmal, so auf einen Ruck: Jetzt bin ich kein junger Herr
mehr? — Das muß ein sehr unangenehmer Moment sein.

HANS KARL Weißt du, ich glaub', es kommt ganz allmählich.
Wenn einen auf einmal der andere bei der Tür vorausgehen
läßt und du merkst dann: ja, natürlich, er ist viel jünger,
obwohl er auch schon ein erwachsener Mensch ist.

STANI Sehr interessant. Wie du alles gut beobachtest. Darin
bist du ganz wie ich. Und dann wird's einem so zur Gewohnheit, das Ältersein?

HANS KARL Ja, es gibt aber immer noch gewisse Momente, die
einen frappieren. Zum Beispiel, wenn man sich plötzlich
klarwird, daß man nicht mehr glaubt, daß es Leute gibt, die
einem alles erklären könnten.

STANI Eines versteh' ich aber doch nicht, Onkel Kari, daß du
mit dieser Reife und konserviert wie du bist nicht heiratest.

HANS KARL Jetzt?

STANI Ja, eben jetzt. Denn der Mann, der kleine Abenteuer
sucht, bist du doch nicht mehr. Weißt du, ich würde natürlich sofort begreifen, daß sich jede Frau heut' noch für dich
interessiert. Aber die Toinette hat mir erklärt, warum ein
Interesse für dich nie serios wird.

HANS KARL Ah!

STANI Ja, sie hat viel darüber nachgedacht. Sie sagt: du fixierst
nicht, weil du nicht genug Herz hast.

HANS KARL Ah!

STANI Ja, dir fehlt das Eigentliche. Das, sagt sie, ist der enorme
Unterschied zwischen dir und mir. Sie sagt: du hast das
Handgelenk immer geschmeidig, um loszulassen, das spürt
eine Frau, und wenn sie selbst im Begriff gewesen wäre, sich
in dich zu verlieben, so verhindert das die Kristallisation.

HANS KARL Ah, so drückt sie sich aus?

STANI Das ist ja ihr großer Charme, daß sie eine Konversation
hat. Weißt du, das brauch' ich absolut: eine Frau die mich
fixieren soll, die muß außer ihrer absoluten Hingebung auch
eine Konversation haben.

HANS KARL Darin ist sie delizios.

STANI Absolut. Das hat sie: Charme, Geist und Temperament, so wie sie etwas anderes nicht hat: nämlich Rasse.

HANS KARL Du findest?

STANI Weißt du, Onkel Kari, ich bin ja so gerecht; eine Frau
kann hundertmal das Äußerste an gutem Willen für mich
gehabt haben — ich geb' ihr, was sie hat, und ich sehe
unerbittlich, was sie nicht hat. Du verstehst mich: Ich denk'
über alles nach, und mach' mir immer zwei Kategorien.
Also die Frauen teile ich in zwei große Kategorien: die
Geliebte, und die Frau, die man heiratet. Die Antoinette
gehört in die erste Kategorie, sie kann hundertmal die
Frau vom Adolf Hechingen sein, für mich ist sie keine Frau,
sondern — das andere.

HANS KARL Das ist ihr Genre, natürlich. Wenn man die Menschen so einteilen will.

STANI Absolut. Darum ist es, in Parenthese, die größte Dummheit, sie mit ihrem Mann versöhnen zu wollen.

HANS KARL Wenn er aber doch einmal ihr Mann ist? Verzeih, das ist vielleicht ein sehr spießbürgerlicher Gedanke.

STANI Weißt du, verzeih mir, ich mache mir meine Kategorien, und da bin ich dann absolut darin, ebenso über die Galanterie, ebenso über die Ehe. Die Ehe ist kein Experiment. Sie ist das Resultat eines richtigen Entschlusses.

HANS KARL Von dem du natürlich weit entfernt bist.

STANI Aber gar nicht. Augenblicklich bereit, ihn zu fassen.

HANS KARL Im jetzigen Moment?

STANI Ich finde mich außerordentlich geeignet, eine Frau glücklich zu machen, aber bitte, sag das der Mamu nicht, ich will mir in allen Dingen meine volle Freiheit bewahren. Darin bin ich ja haarklein wie du. Ich vertrage nicht, daß man mich beengt. (*Hans Karl raucht*) Der Entschluß muß aus dem Moment hervorgehen. Gleich oder gar nicht, das ist meine Devise!

HANS KARL Mich interessiert nichts auf der Welt so sehr, als wie man von einer Sache zur andern kommt. Du würdest also nie einen Entschluß vor dich hinschieben?

STANI Nie, das ist die absolute Schwäche.

HANS KARL Aber es gibt doch Komplikationen?

STANI Die negiere ich.

HANS KARL Beispielsweise sich kreuzende widersprechende Verpflichtungen.

STANI Von denen hat man die Wahl, welche man lösen will.

HANS KARL Aber man ist doch in dieser Wahl bisweilen sehr behindert.

STANI Wieso?

HANS KARL Sagen wir durch Selbstvorwürfe.

STANI Das sind Hypochondrien. Ich bin vollkommen gesund. Ich war im Feld nicht einen Tag krank.

HANS KARL Ah, du bist mit deinem Benehmen immer absolut zufrieden?

STANI Ja, wenn ich das nicht wäre, so hätte ich mich doch anders benommen.

HANS KARL Pardon, ich spreche nicht von Unkorrektheiten — aber du läßt mit einem Wort den Zufall, oder nennen wir's das Schicksal, unbedenklich walten?

STANI Wieso? Ich behalte immer alles in der Hand.

HANS KARL Zeitweise ist man aber halt doch versucht, bei solchen Entscheidungen einen bizarren Begriff einzuschieben: den der höheren Notwendigkeit.

STANI Was ich tue, ist eben notwendig, sonst würde ich es nicht tun.

HANS KARL (interessiert) Verzeih, wenn ich aus der aktuellen Wirklichkeit heraus exemplifiziere — das schickt sich ja eigentlich nicht —

STANI Aber bitte —

HANS KARL Eine Situation würde dir, sagen wir, den Entschluß zur Heirat nahelegen.

STANI Heute oder morgen.

HANS KARL Nun bist du mit der Antoinette in dieser Weise immerhin befreundet.

STANI Ich brouillier' mich mit ihr, von heut' auf morgen!

HANS KARL Ah! Ohne jeden Anlaß?

STANI Aber der Anlaß liegt doch immer in der Luft. Bitte. Unsere Beziehung dauert seit dem Frühjahr. Seit sechs, sieben Wochen ist irgend etwas an der Antoinette, ich kann nicht sagen, was — ein Verdacht wäre schon zuviel — aber die bloße Idee, daß sie sich außer mit mir noch mit jemandem andern beschäftigen könnte, weißt du, darin bin ich absolut.

HANS KARL Ah, ja.

STANI Weißt du, das ist stärker als ich. Ich möchte es gar nicht Eifersucht nennen, es ist ein derartiges Nichtbegreifenkönnen, daß eine Frau, der ich mich attachiert habe, zugleich mit einem andern — begreifst du?

63

HANS KARL Aber die Antoinette ist doch so unschuldig, wenn sie etwas anstellt. Sie hat dann fast noch mehr Charme.

STANI Da verstehe ich dich nicht.

NEUNTE SZENE

NEUGEBAUER (*ist leise eingetreten*) Hier sind die Briefe, Euer Erlaucht. Ich habe sie auf den ersten Griff —

HANS KARL Danke. Bitte, geben Sie mir sie. (*Neugebauer gibt ihm die Briefe*) Danke.

Neugebauer ab.

ZEHNTE SZENE

HANS KARL (*nach einer kleinen Pause*) Weißt du, wen ich für den gebornen Ehemann halte?

STANI Nun?

HANS KARL Den Adolf Hechingen.

STANI Der Antoinette ihren Mann? Hahaha! —

HANS KARL Ich red' ganz im Ernst.

STANI Aber Onkel Kari.

HANS KARL In seinem Attachement an diese Frau ist eine höhere Notwendigkeit.

STANI Der prädestinierte — ich will nicht sagen was!

HANS KARL Sein Schicksal geht mir nah.

STANI Für mich gehört er in eine Kategorie: der instinktlose Mensch. Weißt du, an wen er sich anhängt, wenn du nicht im Klub bist? An mich. Ausgerechnet an mich! Er hat einen Flair!

HANS KARL Ich habe ihn gern.

STANI Aber er ist doch unelegant bis über die Ohren.

HANS KARL Aber ein innerlich vornehmer Mensch.

STANI Ein uneleganter, schwerfälliger Kerl.

HANS KARL Er braucht eine Flasche Champagner ins Blut.

STANI Sag das nie vor ihm, er nimmt's wörtlich. Ein uneleganter Mensch ist mir ein Greuel, wenn er getrunken hat.

HANS KARL Ich hab' ihn gern.

STANI Er nimmt alles wörtlich, auch deine Freundschaft für
ihn.

HANS KARL Aber er darf sie wörtlich nehmen.

STANI Pardon, Onkel Kari, bei dir darf man nichts wörtlich
nehmen, wenn man das tut, gehört man in die Kategorie:
Instinktlos.

HANS KARL Aber er ist ein so guter, vortrefflicher Mensch.

STANI Meinetwegen, wenn du das von ihm sagst, aber das ist
noch gar kein Grund, daß er immer von deiner Güte
spricht. Das geht mir auf die Nerven. Ein eleganter
Mensch hat Bonhomie, aber er ist kein guter Mensch.
Pardon, sag' ich, der Onkel Kari ist ein großer Herr und
darum auch ein großer Egoist, selbstverständlich. Du
verzeihst.

HANS KARL Es nützt nichts, ich hab' ihn gern.

STANI Das ist eine Bizarrerie von dir! Du hast es doch nicht
notwendig, bizarr zu sein! Du hast doch das Wunderbare,
daß du mühelos das vorstellst, was du bist: ein großer Herr!
Mühelos! Das ist der große Punkt. Der Mensch zweiter
Kategorie bemüht sich unablässig. Bitte, da ist dieser
Theophil Neuhoff, den man seit einem Jahr überall sieht.
Was ist eine solche Existenz anderes als eine fortgesetzte
jämmerliche Bemühung, ein Genre zu kopieren, das eben
nicht sein Genre ist.

ELFTE SZENE

LUKAS *(kommt eilig)* Darf ich fragen — haben Euer Erlaucht
Befehl gegeben, daß fremder Besuch vorgelassen wird?

HANS KARL Aber absolut nicht. Was ist denn das?

LUKAS Da muß der neue Diener eine Konfusion gemacht
haben. Eben wird vom Portier herauftelephoniert, daß

Herr Baron Neuhoff auf der Treppe ist. Bitte zu befehlen, was mit ihm geschehen soll.

STANI Also, im Moment, wo wir von ihm sprechen. Das ist kein Zufall. Onkel Kari, dieser Mensch ist mein guignon, und ich beschwöre sein Kommen herauf. Vor einer Woche bei der Helen, ich will ihr eben meine Ansicht über den Herrn von Neuhoff sagen, im Moment steht der Neuhoff auf der Schwelle. Vor drei Tagen, ich geh' von der Antoinette weg — im Vorzimmer steht der Herr von Neuhoff. Gestern früh bei meiner Mutter, ich wollte dringend etwas mit ihr besprechen, im Vorzimmer find' ich den Herrn von Neuhoff.

VINZENZ (*tritt ein, meldet*) Herr Baron Neuhoff sind im Vorzimmer.

HANS KARL Jetzt muß ich ihn natürlich empfangen.

> *Lukas winkt: Eintreten lassen. Vinzenz öffnet die*
> *Flügeltür, läßt eintreten.*

ZWÖLFTE SZENE

NEUHOFF (*tritt ein*) Guten Abend, Graf Bühl. Ich war so unbescheiden, nachzusehen, ob Sie zu Hause wären.

HANS KARL Sie kennen meinen Neffen Freudenberg?

STANI Wir haben uns getroffen. (*Sie setzen sich*)

NEUHOFF Ich sollte die Freude haben, Ihnen diesen Abend im Altenwylschen Hause zu begegnen. Gräfin Helene hatte sich ein wenig darauf gefreut, uns zusammenzuführen. Um so schmerzlicher war mein Bedauern, als ich durch Gräfin Helene diesen Nachmittag erfahren mußte, Sie hätten abgesagt.

HANS KARL Sie kennen meine Cousine seit dem letzten Winter?

NEUHOFF Kennen — wenn man das Wort von einem solchen Wesen brauchen darf. In gewissen Augenblicken gewahrt man erst, wie doppelsinnig das Wort ist: es bezeichnet das Oberflächlichste von der Welt und zugleich das tiefste Geheimnis des Daseins zwischen Mensch und Mensch. (*Hans Karl und Stani wechseln einen Blick*) Ich habe das Glück, Gräfin Helene nicht selten zu sehen und ihr in Verehrung anzugehören. (*Eine kleine, etwas genierte Pause*) Heute nachmittag — wir waren zusammen im Atelier von Bohuslawsky — Bohuslawsky macht mein Porträt, das heißt, er quält sich unverhältnismäßig, den Ausdruck meiner Augen festzuhalten: er spricht von einem gewissen Etwas darin, das nur in seltenen Momenten sichtbar wird — und es war seine Bitte, daß die Gräfin Helene einmal dieses Bild ansehen und ihm über diese Augen ihre Kritik geben möchte — da sagt sie mir: Graf Bühl kommt nicht, gehen Sie zu ihm. Besuchen Sie ihn ganz einfach. Es ist ein Mann, bei dem die Natur, die Wahrheit alles erreicht und die Absicht nichts. Ein wunderbarer Mann in unserer absichtsvollen Welt, war meine Antwort — aber so hab' ich mir ihn gedacht, so hab' ich ihn erraten, bei der ersten Begegnung.

STANI Sie sind meinem Onkel im Felde begegnet?

NEUHOFF Bei einem Stab.

HANS KARL Nicht in der sympathischsten Gesellschaft.

NEUHOFF Das merkte man Ihnen an, sie sprachen unendlich wenig.

HANS KARL (*lächelnd*) Ich bin kein großer Causeur, nicht wahr, Stani?

STANI In der Intimität schon!

NEUHOFF Sie sprechen es aus, Graf Freudenberg, Ihr Onkel liebt es, in Gold zu zahlen; er hat sich an das Papiergeld des täglichen Verkehrs nicht gewöhnen wollen. Er kann mit seiner Rede nur seine Intimität vergeben, und die ist unschätzbar.

HANS KARL Sie sind äußerst freundlich, Baron Neuhoff.

NEUHOFF Sie müßten sich von Bohuslawsky malen lassen,

Graf Bühl. Sie würde er in drei Sitzungen treffen. Sie
wissen, daß seine Stärke das Kinderporträt ist. Ihr Lächeln
ist genau die Andeutung eines Kinderlachens. Mißver-
stehen Sie mich nicht. Warum ist denn Würde so ganz un-
nachahmlich? Weil ein Etwas von Kindlichkeit in ihr
steckt. Auf dem Umweg über die Kindlichkeit würde
Bohuslawsky vermögen, einem Bilde von Ihnen das zu
geben, was in unserer Welt das Seltenste ist und was Ihre
Erscheinung in hohem Maße auszeichnet: Würde. Denn
wir leben in einer würdelosen Welt.

HANS KARL Ich weiß nicht, von welcher Welt Sie sprechen:
uns allen ist draußen so viel Würde entgegengetreten —

NEUHOFF Deswegen war ein Mann wie Sie draußen so in
seinem Element. Was haben Sie geleistet, Graf Bühl! Ich
erinnere mich des Unteroffiziers im Spital, der mit Ihnen
und den dreißig Schützen verschüttet war.

HANS KARL Mein braver Zugführer, der Hütter-Franz! Meine
Cousine hat Ihnen davon erzählt?

NEUHOFF Sie hat mir erlaubt, sie bei diesem Besuch ins Spital
zu begleiten. Ich werde nie das Gesicht und die Rede
dieses Sterbenden vergessen. (*Hans Karl sagt nichts*) Er
sprach ausschließlich von Ihnen. Und in welchem Ton!
Er wußte, daß sie eine Verwandte seines Hauptmanns war,
mit der er sprach.

HANS KARL Der arme Hütter-Franz!

NEUHOFF Vielleicht wollte mir die Gräfin Helene eine Idee von
Ihrem Wesen geben, wie tausend Begegnungen im Salon
sie nicht vermitteln können.

STANI (*etwas scharf*) Vielleicht hat sie vor allem den Mann
selbst sehen und vom Onkel Kari hören wollen.

NEUHOFF In einer solchen Situation wird ein Wesen wie
Helene Altenwyl erst ganz sie selbst. Unter dieser voll-
kommenen Einfachheit, diesem Stolz der guten Rasse
verbirgt sich ein Strömen der Liebe, eine alle Poren durch-
dringende Sympathie: es gibt von ihr zu einem Wesen, das

68

sie sehr liebt und achtet, namenlose Verbindungen, die nichts lösen könnte, und an die nichts rühren darf. Wehe dem Gatten, der nicht verstünde, diese namenlose Verbundenheit bei ihr zu achten, der engherzig genug wäre, alle diese verteilten Sympathien auf sich vereinigen zu wollen. (*Eine kleine Pause. Hans Karl raucht*) Sie ist wie Sie: eines der Wesen, um die man nicht werben kann: die sich einem schenken müssen.

Abermals eine kleine Pause.

NEUHOFF (*mit einer großen, vielleicht nicht ganz echten Sicherheit*) Ich bin ein Wanderer, meine Neugierde hat mich um die halbe Welt getrieben. Das, was schwierig zu kennen ist, fasziniert mich; was sich verbirgt, zieht mich an. Ich möchte ein stolzes, kostbares Wesen, wie Gräfin Helene, in Ihrer Gesellschaft sehen, Graf Bühl. Sie würde eine andere werden, sie würde aufblühen: denn ich kenne niemanden, der so sensibel ist für menschliche Qualität.

HANS KARL Das sind wir hier ja alle ein bißchen. Vielleicht ist das gar nichts so Besonderes an meiner Cousine.

NEUHOFF Ich denke mir die Gesellschaft, die ein Wesen wie Helene Altenwyl umgeben müßte, aus Männern Ihrer Art bestehend. Jede Kultur hat ihre Blüten: Gehalt ohne Prätention, Vornehmheit gemildert durch eine unendliche Grazie, so ist die Blüte dieser alten Gesellschaft beschaffen, der es gelungen ist, was die Ruinen von Luxor und die Wälder des Kaukasus nicht vermochten, einen Unsteten, wie mich, in ihrem Bannkreis festzuhalten. Aber, erklären Sie mir eins, Graf Bühl. Gerade die Männer Ihres Schlages, von denen die Gesellschaft ihr eigentliches Gepräge empfängt, begegnet man allzu selten in ihr. Sie scheinen ihr auszuweichen.

STANI Aber gar nicht, Sie werden den Onkel Kari gleich heute abend bei Altenwyls sehen, und ich fürchte sogar, so gemütlich dieser kleine Plausch hier ist, so müssen wir ihm

bald Gelegenheit geben, sich umzuziehen. (*Er ist aufgestanden*)

NEUHOFF Müssen wir das, so sage ich Ihnen für jetzt adieu,
Graf Bühl. Wenn Sie jemals, sei es in welcher Lage immer,
eines fahrenden Ritters bedürfen sollten, (*schon im Gehen*)
der dort, wo er das Edle, das Hohe ahnt, ihm unbedingt
und ehrfürchtig zu dienen gewillt ist, so rufen Sie mich.
(*Hans Karl, dahinter Stani, begleiten ihn. Wie sie an der Tür
sind, klingelt das Telephon*) Bitte, bleiben Sie, der Apparat
begehrt nach Ihnen.

STANI Darf ich Sie bis an die Stiege begleiten?

HANS KARL (*an der Tür*) Ich danke Ihnen sehr für Ihren guten
Besuch, Baron Neuhoff.

Neuhoff und Stani ab.

HANS KARL (*allein mit dem heftig klingelnden Apparat, geht an die
Wand und drückt an den Zimmertelegraph, rufend*) Lukas,
abstellen! Ich mag diese indiskrete Maschine nicht! Lukas!

Das Klingeln hört auf.

DREIZEHNTE SZENE

STANI (*kommt zurück*) Nur für eine Sekunde, Onkel Kari,
wenn du mir verzeihst. Ich hab' müssen dein Urteil über
diesen Herrn hören!

HANS KARL Das deinige scheint ja fix und fertig zu sein.

STANI Ah, ich find' ihn einfach unmöglich. Ich verstehe
einfach eine solche Figur nicht. Und dabei ist der Mensch
ganz gut geboren!

HANS KARL Und du findest ihn so unannehmbar?

STANI Aber ich bitte: so viel Taktlosigkeiten als Worte.

HANS KARL Er will sehr freundlich sein, er will für sich
gewinnen.

STANI Aber man hat doch eine assurance, man kriecht wildfremden Leuten doch nicht in die Westentasche.

HANS KARL Und er glaubt allerdings, daß man etwas aus sich machen kann — das würde ich als eine Naivität ansehen oder als Erziehungsfehler.

STANI *(geht aufgeregt auf und ab)* Diese Tiraden über die Helen!

HANS KARL Daß ein Mädel wie die Helen mit ihm Konversation über unsereinen führt, macht mir auch keinen Spaß.

STANI Daran ist gewiß kein wahres Wort. Ein Kerl, der kalt und warm aus einem Munde blast.

HANS KARL Es wird alles sehr ähnlich gewesen sein, wie er sagt. Aber es gibt Leute, in deren Mund sich alle Nuancen verändern, unwillkürlich.

STANI Du bist von einer Toleranz!

HANS KARL Ich bin halt sehr alt, Stani.

STANI Ich ärgere mich jedenfalls rasend, das ganze Genre bringt mich auf, diese falsche Sicherheit, diese ölige Suada, dieses Kokettieren mit seinem odiosen Spitzbart.

HANS KARL Er hat Geist, aber es wird einem nicht wohl dabei.

STANI Diese namenlosen Indiskretionen. Ich frage: was geht ihn dein Gesicht an?

HANS KARL Au fond ist man vielleicht ein bedauernswerter Mensch, wenn man so ist.

STANI Ich nenne ihn einen odiosen Kerl. Jetzt muß ich aber zur Mamu hinauf. Ich seh' dich jedenfalls in der Nacht im Klub, Onkel Kari. *(Agathe sieht leise bei der Tür rechts herein, sie glaubt Hans Karl allein. Stani kommt noch einmal nach vorne. Hans Karl winkt Agathe, zu verschwinden)* Weißt du, ich kann mich nicht beruhigen. Erstens die Bassesse, einem Herrn wie dir ins Gesicht zu schmeicheln.

HANS KARL Das war nicht sehr elegant.

STANI Zweitens das Affichieren einer weiß Gott wie dicken Freundschaft mit der Helen. Drittens die Spionage, ob du dich für sie interessierst.

HANS KARL *(lächelnd)* Meinst du, er hat ein bißl das Terrain sondieren wollen?

STANI Viertens diese maßlos indiskrete Anspielung auf seine künftige Situation. Er hat sich uns ja geradezu als ihren Zukünftigen vorgestellt. Fünftens dieses odiose Perorieren, das es einem unmöglich macht, auch nur einmal die Replik zu geben. Sechstens dieser unmögliche Abgang. Das war ja ein Geburtstagswunsch, ein Leitartikel. Aber ich halt' dich auf, Onkel Kari.

*Agathe ist wieder in der Tür erschienen, gleiches Spiel
wie früher.*

STANI (*war schon im Verschwinden, kommt wieder nach vorne*) Darf ich noch einmal? Das eine kann ich nicht begreifen, daß dir die Sache wegen der Helen nicht nähergeht!

HANS KARL Inwiefern mir?

STANI Pardon, *mir* steht die Helen zu nahe, als daß ich diese unmögliche Phrase von 'Verehrung' und 'Angehören' goutieren könnt'. Wenn man die Helen von klein auf kennt, wie eine Schwester!

HANS KARL Es kommt ein Moment, wo die Schwestern sich von den Brüdern trennen.

STANI Aber nicht für einen Neuhoff. Ah, ah!

HANS KARL Eine kleine Dosis von Unwahrheit ist den Frauen sehr sympathisch.

STANI So ein Kerl dürfte nicht in die Nähe von der Helen.

HANS KARL Wir werden es nicht hindern können.

STANI Ah, das möcht' ich sehen. Nicht in die Nähe!

HANS KARL Er hat uns die kommende Verwandtschaft angekündigt.

STANI In welchem Zustand muß die Helen sein, wenn sie sich mit diesem Menschen einläßt.

HANS KARL Weißt du, ich habe mir abgewöhnt, aus irgendeiner Handlung von Frauen Folgerungen auf ihren Zustand zu ziehen.

STANI Nicht, daß ich eifersüchtig wäre; aber mir eine Person wie die Helen — als Frau dieses Neuhoff zu denken, das ist für mich eine derartige Unbegreiflichkeit — die Idee ist mir

einfach unfaßlich — ich muß sofort mit der Mamu davon
sprechen.

HANS KARL (*lächelnd*) Ja, tu das, Stani.

Stani ab.

VIERZEHNTE SZENE

LUKAS (*tritt ein*) Ich fürchte, das Telephon war hereingestellt.

HANS KARL Ich will das nicht.

LUKAS Sehr wohl, Euer Erlaucht. Der neue Diener muß es
umgestellt haben, ohne daß ich's bemerkt habe. Er hat
überall die Hände und die Ohren, wo er sie nicht haben soll.

HANS KARL Morgen um sieben Uhr früh expedieren.

LUKAS Sehr wohl. Der Diener vom Herrn Grafen Hechingen
war am Telephon. Der Herr Graf möchten selbst gern
sprechen wegen heute abend: ob Erlaucht in die Soiree zu
Graf Altenwyl gehen oder nicht. Nämlich, weil die Frau
Gräfin auch dort sein wird.

HANS KARL Rufen Sie jetzt bei Graf Altenwyl an und sagen
Sie, ich habe mich freigemacht, lasse um Erlaubnis bitten,
trotz meiner Absage doch zu erscheinen. Und dann ver-
binden Sie mich mit dem Grafen Hechingen, ich werde
selbst sprechen. Und bitten Sie indes die Kammerfrau
hereinzukommen.

LUKAS Sehr wohl. (*Geht ab*)

Agathe herein.

FÜNFZEHNTE SZENE

HANS KARL (*nimmt das Paket mit den Briefen*) Hier sind die
Briefe. Sagen Sie der Frau Gräfin, daß ich mich von diesen
Briefen darum trennen kann, weil die Erinnerung an das
Schöne für mich unzerstörbar ist; ich werde sie nicht in
einem Brief finden, sondern überall.

AGATHE Oh, ich küss' die Hand! Ich bin ja so glücklich. Jetzt weiß ich, daß meine Frau Gräfin unsern Herrn Grafen bald wiedersehen wird.

HANS KARL Sie wird mich heut' abend sehen. Ich werde auf die Soiree kommen.

AGATHE Und dürften wir hoffen, daß sie — daß derjenige, der ihr entgegentritt, der gleiche sein wird, wie immer?

HANS KARL Sie hat keinen besseren Freund.

AGATHE Oh, ich küss' die Hand.

HANS KARL Sie hat nur zwei wahre Freunde auf der Welt: mich und ihren Mann.

AGATHE Oh, mein Gott, das will ich nicht hören. O Gott, o Gott, das Unglück, daß sich unser Herr Graf mit dem Grafen Hechingen befreundet hat. Meiner Frau Gräfin bleibt wirklich nichts erspart.

HANS KARL (*geht nervös ein paar Schritte von ihr weg*) Ja, ahnen denn die Frauen so wenig, was ein Mann ist?! Und wer sie wirklich liebhat!

AGATHE Oh, nur das nicht. Wir lassen uns ja von Euer Erlaucht alles einreden, aber das nicht, das ist zu viel!

HANS KARL (*auf und ab*) Also nicht. Nicht helfen können! Nicht *so* viel!

Pause.

AGATHE (*schüchtern und an ihn herantretend*) Oder versuchen Sie's doch. Aber nicht durch mich: für eine solche Botschaft bin ich zu ungebildet. Da hätte ich nicht die richtigen Ausdrücke. Und auch nicht brieflich. Das gibt nur Mißverständnisse. Aber Aug' in Aug': ja, gewiß! Da werden Sie schon was ausrichten! Was sollen Sie bei meiner Frau Gräfin nicht ausrichten! Nicht vielleicht beim erstenmal. Aber wiederholt — wenn Sie ihr recht eindringlich ins Gewissen reden — wie sollte sie Ihnen denn da widerstehen können?

Das Telephon läutet wieder.

HANS KARL (*geht ans Telephon und spricht hinein*) Ja, ich bin es
selbst. Hier. Ja, ich bin am Apparat. Ich bleibe. Graf
Bühl. Ja, selbst.

AGATHE Ich küss' die Hand.

Geht schnell ab, durch die Mitteltür.

HANS KARL (*am Telephon*) Hechingen, guten Abend! Ja, ich
hab's mir überlegt. Ich habe zugesagt. Ich werde Gelegenheit nehmen. Gewiß. Ja, das hat mich bewogen, hinzu-
gehen. Gerade auf einer Soiree, da ich nicht Bridge spiele
und deine Frau, wie ich glaube, auch nicht. Kein Anlaß.
Auch dazu ist kein Anlaß. Zu deinem Pessimismus. Zu
deinem Pessimismus! Du verstehst nicht? Zu deiner
Traurigkeit ist kein Anlaß. Absolut bekämpfen! Allein?
Also die berühmte Flasche Champagner. Ich bringe bestimmt
das Resultat vor Mitternacht. Übertriebene Hoffnungen
natürlich auch nicht. Du weißt, daß ich das Mögliche
versuchen werde. Es entspricht doch auch meiner Empfindung. Es entspricht meiner Empfindung! Wie? Gestört?
Ich habe gesagt: Es entspricht meiner Empfindung. Empfindung! Eine ganz gleichgültige Phrase! Keine Frage,
eine Phrase! Ich habe eine gleichgültige Phrase gesagt!
Welche? Es entspricht meiner Empfindung. Nein, ich
nenne es nur eine gleichgültige Phrase, weil du es so lange
nicht verstanden hast. Ja. Ja. Ja! Adieu. Schluß! (*Läutet*)
Es gibt Menschen, mit denen sich alles kompliziert, und
dabei ist das so ein exzellenter Kerl!

SECHZEHNTE SZENE

STANI (*aufs neue in der Mitteltür*) Ist es sehr unbescheiden,
Onkel Kari?

HANS KARL Aber bitte, ich bin zur Verfügung.

STANI (*vorne bei ihm*) Ich muß dir melden, Onkel Kari, daß ich
inzwischen eine Konversation mit der Mamu gehabt habe

und zu einem Resultat gekommen bin. (*Hans Karl sieht ihn an*) Ich werde mich mit der Helen Altenwyl verloben.

HANS KARL Du wirst dich —

STANI Ja, ich bin entschlossen, die Helen zu heiraten. Nicht heute und nicht morgen, aber in der allernächsten Zeit. Ich habe alles durchgedacht. Auf der Stiege von hier bis in den zweiten Stock hinauf. Wie ich zur Mamu in den zweiten Stock gekommen bin, war alles fix und fertig. Weißt du, die Idee ist mir plötzlich gekommen, wie ich bemerkt hab', du interessierst dich nicht für die Helen.

HANS KARL Aha.

STANI Begreifst du? Es war so eine Idee von der Mamu. Sie behauptet, man weiß nie, woran man mit dir ist — am Ende hättest du doch daran gedacht, die Helen zu nehmen — und du bist doch für die Mamu immer der Familienchef, ihr Herz ist halt ganz Bühlisch.

HANS KARL (*halb abgewandt*) Die gute Crescence!

STANI Aber ich hab' immer widersprochen. Ich verstehe ja jede Nuance von dir. Ich hab' von jeher gefühlt, daß von einem Interesse für die Helen bei dir nicht die Idee sein kann.

HANS KARL (*dreht sich plötzlich zu ihm um*) Und deine Mutter?

STANI Die Mamu?

HANS KARL Ja, wie hat sie es aufgefaßt?

STANI Feuer und Flamme natürlich. Sie hat ein ganz rotes Gesicht bekommen vor Freude. Wundert dich das, Onkel Kari?

HANS KARL Nur ein bißl, nur eine Idee — ich hab' immer den Eindruck gehabt, daß deine Mutter einen bestimmten Gedanken hat in bezug auf die Helen.

STANI Eine Aversion?

HANS KARL Gar nicht. Nur eine Ansicht. Eine Vermutung.

STANI Früher, die früheren Jahre?

HANS KARL Nein, vor einer halben Stunde.

STANI In welcher Richtung? Aber die Mamu ist ja so eine Windfahn'! Das vergißt sie ja im Moment. Vor einem

76

Entschluß von mir, da ist sie sofort auf den Knien. Da spürt
sie den Mann. Sie adoriert das fait accompli.

HANS KARL Also, du hast dich entschlossen? —

STANI Ja, ich bin entschlossen.

HANS KARL So auf eins, zwei!

STANI Das ist doch genau das, worauf es ankommt. Das im-
poniert ja den Frauen so enorm an mir. Dadurch eben
behalte ich immer die Führung in der Hand. (*Hans Karl
raucht*) Siehst du, du hast vielleicht früher auch einmal
daran gedacht, die Helen zu heiraten —

HANS KARL Gott, vor Jahren vielleicht. In irgendeinem Moment, wie man an tausend Sachen denkt.

STANI Begreifst du? Ich hab' nie daran gedacht! Aber im
Augenblick, wo ich es denke, bring' ich es auch zu Ende. —
Du bist verstimmt?

HANS KARL Ich habe ganz unwillkürlich einen Moment an die
Antoinette denken müssen.

STANI Aber jede Sache auf der Welt muß doch ihr Ende haben.

HANS KARL Natürlich. Und das beschäftigt dich gar nicht,
ob die Helen frei ist? Sie scheint doch zum Beispiel diesem
Neuhoff Hoffnungen gegeben zu haben.

STANI Das ist ja genau mein Kalkül. Über Hoffnungen, die
sich der Herr von Neuhoff macht, gehe ich einfach hinweg.
Und daß für die Helen ein Theophil Neuhoff überhaupt in
Frage kommen kann, das beweist doch gerade, daß eine
ernste Okkupation bei ihr nicht vorhanden ist. Solche
Komplikationen statuier' ich nicht. Das sind Launen, oder
sagen wir das Wort: Verirrungen.

HANS KARL Sie ist schwer zu kennen.

STANI Aber ich kenn' doch ihr Genre. In letzter Linie kann
die sich für keinen Typ von Männern interessieren als für
den unsrigen; alles andere ist eine Verirrung. Du bist so
still, hast du dein Kopfweh?

HANS KARL Aber gar nicht. Ich bewundere deinen Mut.

STANI Du und Mut und bewundern?

HANS KARL Das ist eine andere Art von Mut als der im Graben.

STANI Ja, ich versteh' dich ja so gut, Onkel Kari. Du denkst an die Chancen, die ich sonst noch im Leben gehabt hätte. Du hast das Gefühl, daß ich mich vielleicht zu billig weggeb'. Aber siehst du, da bin ich wieder ganz anders: ich liebe das Vernünftige und Definitive. Du, Onkel Kari, bist au fond, verzeih, daß ich es heraussage, ein Idealist: deine Gedanken gehen auf das Absolute, auf das Vollkommene. Das ist ja sehr elegant gedacht, aber unrealisierbar. Au fond bist du da wie die Mamu; der ist nichts gut genug für mich. Ich habe die Sache durchgedacht, wie sie ist. Die Helen ist ein Jahr jünger wie ich.

HANS KARL Ein Jahr?

STANI Sie ist ausgezeichnet geboren.

HANS KARL Man kann nicht besser sein.

STANI Sie ist elegant.

HANS KARL Sehr elegant.

STANI Sie ist reich.

HANS KARL Und vor allem so hübsch.

STANI Sie hat Rasse.

HANS KARL Ohne Vergleich.

STANI Bitte, vor allem in den zwei Punkten, auf die in der Ehe alles ankommt. Primo: sie kann nicht lügen, secundo: sie hat die besten Manieren von der Welt.

HANS KARL Sie ist so deliziös artig, wie sonst nur alte Frauen sind.

STANI Sie ist gescheit wie der Tag.

HANS KARL Wem sagst du das? Ich hab' ihre Konversation so gern.

STANI Und sie wird mich mit der Zeit adorieren.

HANS KARL (*vor sich, unwillkürlich*) Auch das ist möglich.

STANI Aber nicht möglich. Ganz bestimmt. Bei diesem Genre von Frauen bringt das die Ehe mit sich. In der Liaison hängt alles von Umständen ab, da sind Bizarrerien möglich, Täuschungen, Gott weiß was. In der Ehe beruht alles auf der Dauer; auf die Dauer nimmt jeder die Qualität des andern derart in sich auf, daß von einer wirklichen Differenz nicht mehr die Rede sein kann: unter der einen Voraussetzung, daß die Ehe aus dem richtigen Entschluß hervorgeht. Das ist der Sinn der Ehe.

SIEBZEHNTE SZENE

LUKAS (*eintretend*) Frau Gräfin Freudenberg.

CRESCENCE (*an Lukas vorbei, tritt schnell ein*) Also, was sagt Er mir zu dem Buben, Kari? Ich bin ja überglücklich. Gratulier' Er mir doch!

HANS KARL (*ein wenig abwesend*) Meine gute Crescence. Ich wünsch' den allergrößten Erfolg.

Stani empfiehlt sich stumm.

CRESCENCE Schick' Er mir das Auto retour.

STANI Bitte zu verfügen. Ich gehe zu Fuß. (*Geht*)

ACHTZEHNTE SZENE

CRESCENCE Der Erfolg wird sehr stark von dir abhängen.

HANS KARL Von mir? Ihm steht's doch auf der Stirne geschrieben, daß er erreicht, was er sich vornimmt.

CRESCENCE Für die Helen ist dein Urteil alles.

HANS KARL Wieso, Crescence, inwiefern?

CRESCENCE Für den Vater Altenwyl natürlich noch mehr. Der Stani ist eine sehr nette Partie, aber nicht épatant. Darüber mach' ich mir keine Illusionen. Aber wenn Er ihn appuyiert, Kari, ein Wort von Ihm hat gerade für die alten Leut' so viel Gewicht. Ich weiß gar nicht, woran das liegt.

HANS KARL Ich gehör' halt selbst schon bald zu ihnen.

CRESCENCE Kokettier' Er nicht mit seinem Alter. Wir zwei sind nicht alt und nicht jung. Aber ich hasse schiefe

Positionen. Ich möcht' schon lieber mit grauem Haar und einer Hornbrille dasitzen.

HANS KARL Darum legt Sie sich zeitig aufs Heiratstiften.

CRESCENCE Ich habe immer für Ihn tun wollen, Kari, schon vor zwölf Jahren. Aber Er hat immer diesen stillen obstinaten Widerspruch in sich gehabt.

HANS KARL Meine gute Crescence!

CRESCENCE Hundertmal hab' ich Ihm gesagt: sag' Er mir, was Er erreichen will, und ich nehm's in die Hand.

HANS KARL Ja, das hat Sie mir oft gesagt, weiß Gott, Crescence.

CRESCENCE Aber man hat ja bei Ihm nicht gewußt, woran man ist! (*Hans Karl nickt*) Und jetzt macht halt der Stani, was Er nicht hat machen wollen. Ich kann gar nicht erwarten, daß wieder kleine Kinder in Hohenbühl und in Göllersdorf herumlaufen.

HANS KARL Und in den Schloßteich fallen! Weiß Sie noch, wie sie mich halbtot herausgezogen haben? Weiß Sie — ich hab' manchmal die Idee, daß gar nichts Neues auf der Welt passiert.

CRESCENCE Wie meint Er das?

HANS KARL Daß alles schon längst irgendwo fertig dasteht und nur auf einmal erst sichtbar wird. Weißt du, wie im Hohenbühler Teich, wenn man im Herbst das Wasser abgelassen hat, auf einmal die Karpfen und die Schweife von den steinernen Tritonen da waren, die man früher kaum gesehen hat? Eine burleske Idee, was!

CRESCENCE Ist Er denn auf einmal schlecht aufgelegt, Kari?

HANS KARL (*gibt sich einen Ruck*) Im Gegenteil, Crescence. Ich danke euch so sehr als ich nur kann, Ihr und dem Stani, für das gute Tempo, das ihr mir gebt mit eurer Frische und eurer Entschiedenheit. (*Er küßt ihr die Hand*)

CRESCENCE Findet Er, daß Ihm das gut tut, uns in der Nähe zu haben?

HANS KARL Ich hab' jetzt einen sehr guten Abend vor mir. Zuerst eine ernste Konversation mit der Toinette —

CRESCENCE Aber das brauchen wir ja jetzt gar nicht!

HANS KARL Ah, ich red' doch mit ihr, jetzt hab' ich es mir
einmal vorgenommen, und dann soll ich also als Onkel vom
Stani die gewissen seriosen Unterhaltungen anknüpfen.

CRESCENCE Das Wichtigste ist, daß du ihn bei der Helen ins
richtige Licht stellst.

HANS KARL Da hab' ich also ein richtiges Programm. Sieht
Sie, wie Sie mich reformiert? Aber weiß Sie, vorher —
ich hab' eine Idee — vorher geh' ich für eine Stunde in den
Zirkus, da haben sie jetzt einen Clown — eine Art von
dummem August —

CRESCENCE Der Furlani, über den ist die Nanni ganz verrückt.
Ich hab' gar keinen Sinn für diese Späße.

HANS KARL Ich find' ihn delizios. Mich unterhält er viel mehr
als die gescheiteste Konversation von Gott weiß wem.
Ich freu' mich rasend. Ich gehe in den Zirkus, dann esse
ich einen Bissen in einem Restaurant, und dann komm' ich
sehr munter in die Soiree und absolvier' mein Programm.

CRESCENCE Ja, Er kommt und richtet dem Stani die Helen in
die Hand, so was kann Er ja so gut. Er wäre doch ein so
wunderbarer Botschafter geworden, wenn Er hätt' wollen
in der Karriere bleiben.

HANS KARL Dazu is es halt auch zu spät.

CRESCENCE Also, amüsier' Er sich gut und komm' Er bald
nach.

Hans Karl begleitet sie bis an die Tür, Crescence geht.

NEUNZEHNTE SZENE

Hans Karl kommt nach vorn. Lukas ist mit ihm hereingetreten.

HANS KARL Ich ziehe den Frack an. Ich werde gleich läuten.

LUKAS Sehr wohl, Eure Erlaucht.

Hans Karl links ab.

ZWANZIGSTE SZENE

VINZENZ (*tritt von rechts ein*) Was machen Sie da?

LUKAS Ich warte auf das Glockenzeichen vom Toilettezimmer, dann geh' ich hinein helfen.

VINZENZ Ich werde mit hineingehen. Es ist ganz gut, wenn ich mich an ihn gewöhne.

LUKAS Es ist nicht befohlen, also bleiben Sie draußen.

VINZENZ (*nimmt sich eine Zigarre*) Sie, das ist doch ganz ein einfacher, umgänglicher Mensch, die Verwandten machen ja mit ihm, was sie wollen. In einem Monat wickel' ich ihn um den Finger. (*Lukas schließt die Zigarren ein. Man hört eine Klingel. Lukas beeilt sich*) Bleiben Sie nur noch. Er soll zweimal läuten. (*Setzt sich in einen Fauteuil*)

Lukas ab in seinem Rücken.

VINZENZ (*vor sich*) Liebesbriefe stellt er zurück, den Neffen verheiratet er, und er selber hat sich entschlossen, als ältlicher Junggeselle so dahinzuleben mit mir. Das ist genau, wie ich mir's vorgestellt habe. (*Über die Schulter nach rückwärts, ohne sich umzudrehen*) Sie, Herr Schätz, ich bin ganz zufrieden, da bleib' ich!

Der Vorhang fällt.

ZWEITER AKT

Bei Altenwyls. Kleiner Salon im Geschmack des achtzehnten Jahrhunderts. Türen links, rechts und in der Mitte. Altenwyl mit Hans Karl eintretend von rechts. Crescence mit Helene und Neuhoff stehen links im Gespräch.

ERSTE SZENE

ALTENWYL Mein lieber Kari, ich rechne dir dein Kommen doppelt hoch an, weil du nicht Bridge spielst und also mit

den bescheidenen Fragmenten von Unterhaltung vorlieb-
nehmen willst, die einem heutzutage in einem Salon noch
geboten werden. Du findest bekanntlich bei mir immer nur
die paar alten Gesichter, keine Künstler und sonstige Zele-
britäten — die Edine Merenberg ist ja außerordentlich
unzufrieden mit dieser altmodischen Hausführung, aber
weder meine Helen noch ich goutieren das Genre von
Geselligkeit, was der Edine ihr Höchstes ist: wo sie beim
ersten Löffel Suppe ihren Tischnachbar interpelliert, ob er
an die Seelenwanderung glaubt, oder ob er schon einmal
mit einem Fakir Bruderschaft getrunken hat.

CRESCENCE Ich muß Sie dementieren, Graf Altenwyl, ich
hab' drüben an meinem Bridgetisch ein ganz neues Gesicht,
und wie die Mariette Stradonitz mir zugewispelt hat, ist
es ein weltberühmter Gelehrter, von dem wir noch nie was
gehört haben, weil wir halt alle Analphabeten sind.

ALTENWYL Der Professor Brücke ist in seinem Fach eine
große Zelebrität und mir ein lieber politischer Kollege. Er
genießt es außerordentlich, in einem Salon zu sein, wo er
keinen Kollegen aus der gelehrten Welt findet, sozusagen
als der einzige Vertreter des Geistes in einem rein sozialen
Milieu, und da ihm mein Haus diese bescheidene Annehm-
lichkeit bieten kann —

CRESCENCE Ist er verheiratet?

ALTENWYL Ich habe jedenfalls nie die Ehre gehabt, Madame
Brücke zu Gesicht zu bekommen.

CRESCENCE Ich find' die berühmten Männer odios, aber ihre
Frau'n noch ärger. Darin bin ich mit dem Kari einer
Meinung. Wir schwärmen für triviale Menschen und tri-
viale Unterhaltungen, nicht, Kari?

ALTENWYL Ich hab' darüber meine altmodische Auffassung,
die Helen kennt sie.

CRESCENCE Der Kari soll sagen, daß er mir recht gibt. Ich
find', neun Zehntel von dem, was unter der Marke von
Geist geht, ist nichts als Geschwätz.

83

NEUHOFF (*zu Helene*) Sind sie auch so streng, Gräfin Helene?

HELENE Wir haben alle Ursache, wir jüngeren Menschen, wenn uns vor etwas auf der Welt grausen muß, so davor: daß es etwas gibt wie Konversation: Worte, die alles Wirkliche verflachen und im Geschwätz beruhigen.

CRESCENCE Sag, daß du mir recht gibst, Kari!

HANS KARL Ich bitte um Nachsicht. Der Furlani ist keine Vorbereitung darauf, etwas Gescheites zu sagen.

ALTENWYL In meinen Augen ist Konversation das, was jetzt kein Mensch mehr kennt: nicht selbst perorieren, wie ein Wasserfall, sondern dem andern das Stichwort bringen. Zu meiner Zeit hat man gesagt: wer zu mir kommt, mit dem muß ich die Konversation so führen, daß er, wenn er die Türschnallen in der Hand hat, sich gescheit vorkommt, dann wird er auf der Stiegen mich gescheit finden. — Heutzutag' hat aber keiner, pardon für die Grobheit, den Verstand zum Konversationmachen und keiner den Verstand, seinen Mund zu halten — ah, erlaub, daß ich dich mit Baron Neuhoff bekannt mache, mein Vetter Graf Bühl.

NEUHOFF Ich habe die Ehre, von Graf Bühl gekannt zu sein.

CRESCENCE (*zu Altenwyl*) Alle diese gescheiten Sachen müßten Sie der Edine sagen — bei der geht der Kultus für die bedeutenden Menschen und die gedruckten Bücher ins Uferlose. Mir ist schon das Wort odios: bedeutende Menschen — es liegt so eine Präpotenz darin!

ALTENWYL Die Edine ist eine sehr gescheite Frau, aber sie will immer zwei Fliegen auf einen Schlag erwischen: ihre Bildung vermehren und etwas für ihre Wohltätigkeitsgeschichten herausschlagen.

HELENE Pardon, Papa, sie ist keine gescheite Frau, sie ist eine dumme Frau, die sich fürs Leben gern mit gescheiten Leuten umgeben möchte, aber dabei immer die falschen erwischt.

CRESCENCE Ich wundere mich, daß sie bei ihrer rasenden Zerstreutheit nicht mehr Konfusionen anstellt.

ALTENWYL Solche Wesen haben einen Schutzengel.

EDINE (*tritt dazu durch die Mitteltür*) Ich seh', ihr sprechts von mir, sprechts nur weiter, geniert euch nicht.

CRESCENCE Na, Edine, hast du den berühmten Mann schon kennengelernt?

EDINE Ich bin wütend, Graf Altenwyl, daß Sie ihn ihr als Partner gegeben haben und nicht mir. (*Setzt sich zu Crescence*) Ihr habts keine Idee, wie ich mich für ihn interessier'. Ich les' doch die Bücher von die Leut'. Von diesem Brückner hab' ich erst vor ein paar Wochen ein dickes Buch gelesen.

NEUHOFF Er heißt Brücke. Er ist der zweite Präsident der Akademie der Wissenschaften.

EDINE In Paris?

NEUHOFF Nein, hier in Wien.

EDINE Auf dem Buch ist gestanden: Brückner.

CRESCENCE Vielleicht war das ein Druckfehler.

EDINE Es hat geheißen: Über den Ursprung aller Religionen. Da ist eine Bildung drin, und eine Tiefe! Und so ein schöner Stil!

HELENE Ich werd' ihn dir bringen, Tant' Edine.

NEUHOFF Wenn Sie erlauben, werde ich ihn suchen und ihn herbringen, sobald er pausiert.

EDINE Ja, tun Sie das, Baron Neuhoff. Sagen Sie ihm, daß ich seit Jahren nach ihm fahnde.

Neuhoff geht links ab.

CRESCENCE Er wird sich nichts Besseres verlangen, mir scheint, er ist ein ziemlicher —

EDINE Sagts nicht immer gleich 'Snob', der Goethe ist auch vor jeder Fürstin und Gräfin — ich hätt' bald was g'sagt.

CRESCENCE Jetzt ist sie schon wieder beim Goethe, die Edine! (*Sieht sich nach Hans Karl um, der mit Helene nach rechts getreten ist*)

HELENE (*zu Hans Karl*) Sie haben ihn so gern, den Furlani?

85

HANS KARL Für mich ist ein solcher Mensch eine wahre
Rekreation.

HELENE Macht er so geschickte Tricks? (*Sie setzt sich rechts,
Hans Karl neben ihr. Crescence geht durch die Mitte weg.
Altenwyl und Edine haben sich links gesetzt*)

HANS KARL Er macht gar keine Tricks. Er ist doch der dumme
August!

HELENE Also ein Wurstel?

HANS KARL Nein, das wäre ja outriert! Er outriert nie, er
karikiert auch nie. Er spielt seine Rolle: er ist der, der alle
begreifen, der allen helfen möchte und dabei alles in die
größte Konfusion bringt. Er macht die dümmsten Lazzi,
die Galerie kugelt sich vor Lachen, und dabei behält er eine
élégance, eine Diskretion, man merkt, daß er sich selbst und
alles, was auf der Welt ist, respektiert; er bringt alles
durcheinander, wie Kraut und Rüben; wo er hingeht, geht
alles drunter und drüber, und dabei möchte man rufen:
'Er hat ja recht!'

EDINE (*zu Altenwyl*) Das Geistige gibt uns Frauen doch viel
mehr Halt! Das geht der Antoinette zum Beispiel ganz ab.
Ich sag' ihr immer: sie soll ihren Geist kultivieren, das
bringt einen auf andere Gedanken.

ALTENWYL Zu meiner Zeit hat man einen ganz anderen Maß-
stab an die Konversation angelegt. Man hat doch etwas auf
eine schöne Replik gegeben, man hat sich ins Zeug gelegt,
um brillant zu sein.

EDINE Ich sag': wenn ich Konversation mach', will ich doch
woanders hingeführt werden. Ich will doch heraus aus der
Banalität. Ich will doch wohintransportiert werden!

HANS KARL (*zu Helene, in seiner Konversation fortfahrend*) Sehen
Sie, Helen, alle diese Sachen sind ja schwer: die Tricks von
den Equilibristen und Jongleurs und alles — zu allem gehört
ja ein fabelhaft angespannter Wille und direkt Geist. Ich
glaub', mehr Geist, als zu den meisten Konversationen. —

HELENE Ah, das schon sicher.

HANS KARL Absolut. Aber das, was der Furlani macht, ist noch um eine ganze Stufe höher, als was alle andern tun. Alle andern lassen sich von einer Absicht leiten und schauen nicht rechts und nicht links, ja, sie atmen kaum, bis sie ihre Absicht erreicht haben: darin besteht eben ihr Trick. Er aber tut scheinbar nichts mit Absicht — er geht immer auf die Absicht der andern ein. Er möchte alles mittun, was die andern tun, so viel guten Willen hat er, so fasziniert ist er von jedem einzelnen Stückl, was irgendeiner vormacht: wenn er einen Blumentopf auf der Nase balanciert, so balanciert er ihn auch, sozusagen aus Höflichkeit.

HELÉNE Aber er wirft ihn hinunter?

HANS KARL Aber wie er ihn hinunterwirft, darin liegt's! Er wirft ihn hinunter aus purer Begeisterung und Seligkeit darüber, daß er ihn so schön balancieren kann! Er glaubt, wenn man's ganz schön machen tät', müßt's von selber gehen.

HELENE (*vor sich*) Und das hält der Blumentopf gewöhnlich nicht aus und fällt hinunter.

ALTENWYL (*zu Edine*) Dieser Geschäftston heutzutage! Und ich bitte dich, auch zwischen Männern und Frauen: dieses gewisse Zielbewußte in der Unterhaltung!

EDINE Ja, das ist mir auch eine horreur! Man will doch ein bißl eine schöne Art, ein Versteckenspielen —

ALTENWYL Die jungen Leut' wissen ja gar nicht mehr, daß die Sauce mehr wert ist als der Braten — da herrscht ja eine Direktheit!

EDINE Weil die Leut' zu wenig gelesen haben! Weil sie ihren Geist zu wenig kultivieren! (*Sie sind im Reden aufgestanden und entfernen sich nach links*)

HANS KARL (*zu Helene*) Wenn man dem Furlani zuschaut, kommen einem die geschicktesten Clowns vulgär vor. Er ist förmlich schön vor lauter Nonchalance — aber natürlich gehört zu dieser Nonchalance genau das Doppelte wie zu den andern ihrer Anspannung.

HELENE Ich begreif', daß Ihnen der Mensch sympathisch ist. Ich find' auch alles, wo man eine Absicht merkt, die dahintersteckt, ein bißl vulgär.

HANS KARL Oho, heute bin ich selber mit Absichten geladen, und diese Absichten beziehen sich auf Sie, Gräfin Helene.

HELENE (*mit einem Zusammenziehen der Augenbrauen*) Oh, Gräfin Helene! Sie sagen 'Gräfin Helene' zu mir?

Huberta erscheint in der Mitteltür und streift Hans Karl und Helene mit einem kurzen, aber indiskreten Blick.

HANS KARL (*ohne Huberta zu bemerken*) Nein, im Ernst, ich muß Sie um fünf Minuten Konversation bitten — dann später, irgendwann — wir spielen ja beide nicht.

HELENE (*etwas unruhig, aber sehr beherrscht*) Sie machen mir angst. Was können Sie mit mir zu reden haben? Das kann nichts Gutes sein.

HANS KARL Wenn Sie's präokkupiert, dann um Gottes willen nicht!

Huberta ist verschwunden.

HELENE (*nach einer kleinen Pause*) Wann Sie wollen, aber später. Ich seh' die Huberta, die sich langweilt. Ich muß zu ihr gehen. (*Steht auf*)

HANS KARL Sie sind so delizios artig. (*Ist auch aufgestanden*)

HELENE Sie müssen jetzt der Antoinette und den paar andern Frauen guten Abend sagen. (*Sie geht von ihm fort, bleibt in der Mitteltür noch stehen*) Ich bin nicht artig: ich spür' nur, was in den Leuten vorgeht, und das belästigt mich — und da reagier' ich dagegen mit égards, die ich für die Leut' hab'. Meine Manieren sind nur eine Art von Nervosität, mir die Leut' vom Hals zu halten. (*Sie geht*)

Hans Karl geht langsam ihr nach.

ZWEITE SZENE

Neuhoff und der berühmte Mann sind gleichzeitig
in der Tür links erschienen.

DER BERÜHMTE MANN (*in der Mitte des Zimmers angelangt, durch die Tür rechts blickend*) Dort in der Gruppe am Kamin befindet sich jetzt die Dame, um deren Namen ich Sie fragen wollte.

NEUHOFF Dort in Grau? Das ist die Fürstin Pergen.

DER BERÜHMTE MANN Nein, die kenne ich seit langem. Die Dame in Schwarz.

NEUHOFF Die spanische Botschafterin. Sind Sie ihr vorgestellt? Oder darf ich —

DER BERÜHMTE MANN Ich wünsche sehr, ihr vorgestellt zu werden. Aber wir wollen es vielleicht in folgender Weise einrichten —

NEUHOFF (*mit kaum merklicher Ironie*) Ganz wie Sie befehlen.

DER BERÜHMTE MANN Wenn Sie vielleicht die Güte haben, der Dame zuerst von mir zu sprechen, ihr, da sie eine Fremde ist, meine Bedeutung, meinen Rang in der wissenschaftlichen Welt und in der Gesellschaft klarzulegen — so würde ich mich dann sofort nachher durch den Grafen Altenwyl ihr vorstellen lassen.

NEUHOFF Aber mit dem größten Vergnügen.

DER BERÜHMTE MANN Es handelt sich für einen Gelehrten meines Ranges nicht darum, seine Bekanntschaften zu vermehren, sondern in der richtigen Weise gekannt und aufgenommen zu werden.

NEUHOFF Ohne jeden Zweifel. Hier kommt die Gräfin Merenberg, die sich besonders darauf gefreut hat, Sie kennenzulernen. Darf ich —

EDINE (*kommt*) Ich freue mich enorm. Einen Mann dieses Ranges bitte ich nicht mir vorzustellen, Baron Neuhoff, sondern mich ihm zu präsentieren.

DER BERÜHMTE MANN (*verneigt sich*) Ich bin sehr glücklich, Frau Gräfin.

EDINE Es hieße Eulen nach Athen tragen, wenn ich Ihnen sagen wollte, daß ich zu den eifrigsten Leserinnen Ihrer berühmten Werke gehöre. Ich bin jedesmal hingerissen von dieser philosophischen Tiefe, dieser immensen Bildung und diesem schönen Prosastil.

DER BERÜHMTE MANN Ich staune, Frau Gräfin. Meine Arbeiten sind keine leichte Lektüre. Sie wenden sich wohl nicht ausschließlich an ein Publikum von Fachgelehrten, aber sie setzen Leser von nicht gewöhnlicher Verinnerlichung voraus.

EDINE Aber gar nicht! Jede Frau sollte so schöne tiefsinnige Bücher lesen, damit sie sich selbst in eine höhere Sphäre bringt: das sag' ich früh und spät der Toinette Hechingen.

DER BERÜHMTE MANN Dürfte ich fragen, welche meiner Arbeiten den Vorzug gehabt hat, Ihre Aufmerksamkeit zu erwecken?

EDINE Aber natürlich das wunderbare Werk 'Über den Ursprung aller Religionen'. Das hat ja eine Tiefe, und eine erhebende Belehrung schöpft man da heraus —

DER BERÜHMTE MANN (*eisig*) Hm. Das ist allerdings ein Werk, von dem viel geredet wird.

EDINE Aber noch lange nicht genug. Ich sag' gerade zur Toinette, das müßte jede von uns auf ihrem Nachtkastl liegen haben.

DER BERÜHMTE MANN Besonders die Presse hat ja für dieses Opus eine zügellose Reklame zu inszenieren gewußt.

EDINE Wie können Sie das sagen! Ein solches Werk ist ja doch das Grandioseste —

DER BERÜHMTE MANN Es hat mich sehr interessiert, Frau Gräfin, Sie gleichfalls unter den Lobrednern dieses Produktes zu sehen. Mir selbst ist das Buch allerdings unbekannt, und ich dürfte mich auch schwerlich entschließen, den Leserkreis dieses Elaborates zu vermehren.

EDINE Wie? Sie sind nicht der Verfasser?

DER BERÜHMTE MANN Der Verfasser dieser journalistischen Kompilation ist mein Fakultätsgenosse Brückner. Es besteht allerdings eine fatale Namensähnlichkeit, aber diese ist auch die einzige.

EDINE Das sollte auch nicht sein, daß zwei berühmte Philosophen so ähnliche Namen haben.

DER BERÜHMTE MANN Das ist allerdings bedauerlich, besonders für mich. Herr Brückner ist übrigens nichts weniger als Philosoph. Er ist Philologe, ich würde sagen, Salonphilologe, oder noch besser: philologischer Feuilletonist.

EDINE Es tut mir enorm leid, daß ich da eine Konfusion gemacht habe. Aber ich hab' sicher auch von Ihren berühmten Werken was zu Haus, Herr Professor. Ich les' ja alles, was einen ein bißl vorwärtsbringt. Jetzt hab' ich gerad' ein sehr interessantes Buch über den 'Semipelagianismus' und eins über die 'Seele des Radiums' zu Hause liegen. Wenn Sie mich einmal in der Heugasse besuchen —

DER BERÜHMTE MANN (kühl) Es wird mir eine Ehre sein, Frau Gräfin. Allerdings bin ich sehr in Anspruch genommen.

EDINE (wollte gehen, bleibt nochmals stehen) Aber das tut mir ewig leid, daß Sie nicht der Verfasser sind! Jetzt kann ich Ihnen auch meine Frage nicht vorlegen! Und ich wäre jede Wette eingegangen, daß Sie der Einzige sind, der sie so beantworten könnte, daß ich meine Beruhigung fände.

NEUHOFF Wollen Sie dem Herrn Professor nicht doch Ihre Frage vorlegen?

EDINE Sie sind ja gewiß ein Mann von noch profunderer Bildung als der andere Herr. (Zu Neuhoff) Soll ich wirklich? Es liegt mir ungeheuer viel an der Auskunft. Ich würde fürs Leben gern eine Beruhigung finden.

DER BERÜHMTE MANN Wollen sich Frau Gräfin nicht setzen?

EDINE (sich ängstlich umsehend, ob niemand hereintritt, dann schnell) Wie stellen Sie sich das Nirwana vor?

DER BERÜHMTE MANN Hm. Diese Frage aus dem Stegreif zu

beantworten, dürfte allerdings Herr Brückner der richtige
Mann sein. *Eine kleine Pause.*

EDINE Und jetzt muß ich auch zu meinem Bridge zurück.
Auf Wiedersehen, Herr Professor. (*Ab*)

DER BERÜHMTE MANN (*sichtlich verstimmt*) Hm.

NEUHOFF Die arme gute Gräfin Edine! Sie dürfen ihr nichts
übelnehmen.

DER BERÜHMTE MANN (*kalt*) Es ist nicht das erste Mal, daß ich
im Laienpublikum ähnlichen Verwechslungen begegne.
Ich bin nicht weit davon, zu glauben, daß dieser Scharlatan
Brückner mit Absicht auf dergleichen hinarbeitet. Sie
können kaum ermessen, welche peinliche Erinnerung eine
groteske und schiefe Situation, wie die, in der wir uns
soeben befunden haben, in meinem Innern hinterläßt. Das
erbärmliche Scheinwissen, von den Trompetenstößen einer
bübischen Presse begleitet, auf den breiten Wellen der
Popularität hinsegeln zu sehen — sich mit dem konfundiert
zu sehen, wogegen man sich mit dem eisigen Schweigen der
Nichtachtung unverbrüchlich gewappnet glaubte —

NEUHOFF Aber wem sagen Sie das alles, mein verehrter
Professor! Bis in die kleine Nuance fühle ich Ihnen nach.
Sich verkannt zu sehen in seinem Besten, früh und spät —
das ist das Schicksal —

DER BERÜHMTE MANN In seinem Besten.

NEUHOFF Genau die Seite verkannt zu sehen, auf die alles
ankommt —

DER BERÜHMTE MANN Sein Lebenswerk mit einem journalistischen —

NEUHOFF Das ist das Schicksal —

DER BERÜHMTE MANN Die in einer bübischen Presse —

NEUHOFF — des ungewöhnlichen Menschen, sobald er sich
der banalen Menschheit ausliefert, den Frauen, die im
Grunde zwischen einer leeren Larve und einem Mann von
Bedeutung nicht zu unterscheiden wissen!

DER BERÜHMTE MANN Den verhaßten Spuren der Pöbelherr-
schaft bis in den Salon zu begegnen —

NEUHOFF Erregen Sie sich nicht. Wie kann ein Mann Ihres
Ranges — Nichts, was eine Edine Merenberg und tutti
quanti vorbringen, reicht nur entfernt an Sie heran.

DER BERÜHMTE MANN Das ist die Presse, dieser Hexenbrei aus
allem und allem! Aber hier hätte ich mich davor sicher
gehalten. Ich sehe, ich habe die Exklusivität dieser Kreise
überschätzt, wenigstens was das geistige Leben anlangt.

NEUHOFF Geist und diese Menschen! Das Leben — und
diese Menschen! Alle diese Menschen, die Ihnen hier
begegnen, existieren ja in Wirklichkeit gar nicht mehr.
Das sind ja alles nur mehr Schatten. Niemand, der sich in
diesen Salons bewegt, gehört zu der wirklichen Welt, in
der die geistigen Krisen des Jahrhunderts sich entscheiden.
Sehen Sie doch um sich: eine Erscheinung wie die Figur
dort im nächsten Zimmer, vom Scheitel bis zur Sohle sich
balancierend in der Selbstsicherheit der unbegrenzten
Trivialität — von Frauen und Mädchen umlagert — Kari
Bühl.

DER BERÜHMTE MANN Ist das Graf Bühl?

NEUHOFF Er selbst, der berühmte Kari.

DER BERÜHMTE MANN Ich habe bis jetzt keine Gelegenheit
gehabt, ihn kennenzulernen. Sind Sie befreundet mit ihm?

NEUHOFF Nicht allzusehr, aber hinlänglich, um ihn Ihnen in
zwei Worten erschöpfend zu charakterisieren: absolutes,
anmaßendes Nichts.

DER BERÜHMTE MANN Er hat einen außerordentlichen Rang
innerhalb der ersten Gesellschaft. Er gilt für eine Persön-
lichkeit.

NEUHOFF Es ist nichts an ihm, das der Prüfung standhielte.
Rein gesellschaftlich goutiere ich ihn halb aus Gewohnheit;
aber Sie haben weniger als nichts verloren, wenn Sie ihn
nicht kennenlernen.

DER BERÜHMTE MANN (*sieht unverwandt hin*) Ich würde mich

sehr interessieren, seine Bekanntschaft zu machen. Glauben Sie, daß ich mir etwas vergebe, wenn ich mich ihm nähere?

NEUHOFF Sie werden Ihre Zeit mit ihm verlieren, wie mit allen diesen Menschen hier.

DER BERÜHMTE MANN Ich würde großes Gewicht darauf legen, mit Graf Bühl in einer wirkungsvollen Weise bekannt gemacht zu werden, etwa durch einen seiner vertrauten Freunde.

NEUHOFF Zu diesen wünsche ich nicht gezählt zu werden, aber ich werde Ihnen das besorgen.

DER BERÜHMTE MANN Sie sind sehr liebenswürdig. Oder meinen Sie, daß ich mir nichts vergeben würde, wenn ich mich ihm spontan nähern würde?

NEUHOFF Sie erweisen dem guten Kari in jedem Fall zuviel Ehre, wenn Sie ihn so ernst nehmen.

DER BERÜHMTE MANN Ich verhehle nicht, daß ich großes Gewicht darauf lege, das feine und unbestechliche Votum der großen Welt den Huldigungen beizufügen, die meinem Wissen im breiten internationalen Laienpublikum zuteil geworden sind, und in denen ich die Abendröte einer nicht alltäglichen Gelehrtenlaufbahn erblicken darf.

Sie gehen ab.

DRITTE SZENE

Antoinette mit Edine, Nanni und Huberta sind indessen in der Mitteltür erschienen und kommen nach vorne.

ANTOINETTE So sagts mir doch was, so gebts mir doch einen Rat, wenn ihr sehts, daß ich so aufgeregt bin. Da mach' ich doch die irreparablen Dummheiten, wenn man mir nicht beisteht.

EDINE Ich bin dafür, daß wir sie lassen. Sie muß wie zufällig ihm begegnen. Wenn wir sie alle convoyieren, so verscheuchen wir ihn ja geradezu.

94

HUBERTA Er geniert sich nicht. Wenn er mit ihr allein reden wollt', da wären wir Luft für ihn.

ANTOINETTE So setzen wir uns daher. Bleibts alle bei mir, aber nicht auffällig. *Conspic.*

Sie haben sich gesetzt.

NANNI Wir plauschen hier ganz unbefangen: vor allem darf's nicht ausschauen, als ob du ihm nachlaufen tätest.

ANTOINETTE Wenn man nur das Raffinement von der Helen hätt', die lauft ihm nach auf Schritt und Tritt, und dabei schaut's aus, als ob sie ihm aus dem Weg ging'.

EDINE Ich wär' dafür, daß wir sie lassen, und daß sie ganz wie wenn nichts wär' auf ihn zuging'.

HUBERTA In dem Zustand wie sie ist, kann sie doch nicht auf ihn zugehen, wie wenn nichts wär'.

ANTOINETTE (*dem Weinen nah*) Sagts mir doch nicht, daß ich in einem Zustand bin! Lenkts mich doch ab von mir! Sonst verlier' ich ja meine ganze contenance. Wenn ich nur wen zum Flirten da hätt'!

NANNI (*will aufstehen*) Ich hol' ihr den Stani her.

ANTOINETTE Der Stani tät' mir nicht *so* viel nützen. Sobald ich weiß, daß der Kari wo in einer Wohnung ist, existieren die andern nicht mehr für mich.

HUBERTA Der Feri Uhlfeldt tät' vielleicht doch noch existieren.

ANTOINETTE Wenn die Helen in meiner Situation wär', die wüßt' sich zu helfen. Sie macht sich mit der größten Unverfrorenheit einen Paravent aus dem Theophil, und dahinter operiert sie.

HUBERTA Aber sie schaut ja den Theophil gar nicht an, sie is ja die ganze Zeit hinterm Kari her.

ANTOINETTE Sag mir das noch, damit mir die Farb' ganz aus'm G'sicht geht. (*Steht auf*) Red't er denn mit ihr?

HUBERTA Natürlich red't er mit ihr.

ANTOINETTE Immerfort?

HUBERTA Sooft ich hing'schaut hab'.

ANTOINETTE O mein Gott, wenn du mir lauter unangenehme Sachen sagst, so werd' ich ja so häßlich werden! (*Sie setzt sich wieder*)

NANNI (*will aufstehen*) Wenn dir deine drei Freundinnen zuviel sind, so laß uns fort, ich spiel' ja auch sehr gern.

ANTOINETTE So bleibts doch hier, so gebts mir doch einen Rat, so sagts mir doch, was ich tun soll.

HUBERTA Wenn sie ihm vor einer Stunde die Jungfer ins Haus geschickt hat, so kann sie jetzt nicht die Hochmütige spielen.

NANNI Umgekehrt sag' ich. Sie muß tun, als ob er ihr egal wär'. Das weiß ich vom Kartenspielen: wenn man die Karten leichtsinnig in die Hand nimmt, dann kommt 's Glück. Man muß sich immer die innere Überlegenheit menagieren.

ANTOINETTE Mir is grad zumut', wie wenn ich die Überlegene wär'!

HUBERTA Du behandelst ihn aber ganz falsch, wenn du dich so aus der Hand gibst.

EDINE Wenn sie sich nur eine Direktive geben ließ'! Ich kenn' doch den Männern ihren Charakter.

HUBERTA Weißt, Edine, die Männer haben recht verschiedene Charaktere.

ANTOINETTE Das Gescheiteste wär', ich fahr' nach Haus.

NANNI Wer wird denn die Karten wegschmeißen, solang er noch eine Chance in der Hand hat.

EDINE Wenn sie sich nur ein vernünftiges Wort sagen ließe. Ich ḥab' ja einen solchen Instinkt für solche psychologische Sachen. Es wär' ja absolut zu machen, daß die Ehe annulliert wird, sie ist eben unter einem moralischen Zwang gestanden die ganzen Jahre, und dann, wenn sie annulliert ist, so heirat' sie ja der Kari, wenn die Sache halbwegs richtig eingefädelt wird.

HUBERTA (*die nach rechts gesehen hat*) Pst!

ANTOINETTE (*fährt auf*) Kommt er? Mein Gott, wie mir die
Knie zittern.

HUBERTA Die Crescence kommt. Nimm dich zusammen.

ANTOINETTE (*vor sich*) Lieber Gott, ich kann sie nicht ausstehen,
sie mich auch nicht, aber ich will jede Bassesse machen,
weil sie ja seine Schwester is.

VIERTE SZENE

CRESCENCE (*kommt von rechts*) Grüß euch Gott, was machts ihr
denn? Die Toinette schaut ja ganz zerbeutelt aus. Sprechts
ihr denn nicht? So viele junge Frauen! Da hätt' der Stani
halt nicht in den Klub gehen dürfen, wie?

ANTOINETTE (*mühsam*) Wir unterhalten uns vorläufig ohne
Herren sehr gut.

CRESCENCE (*ohne sich zu setzen*) Was sagts ihr, wie famos die
Helen heut' ausschaut? Die wird doch als junge Frau eine
allure haben, daß überhaupt niemand gegen sie aufkommt!

HUBERTA Is die Helen auf einmal so in der Gnad' bei dir?

CRESCENCE Ihr seids auch herzig. Die Antoinette soll sich ein
bißl schonen. Sie schaut ja aus, als ob sie drei Nächt' nicht
g'schlafen hätt'. (*Im Gehen*) Ich muß dem Poldo Altenwyl
sagen, wie brillant ich die Helen heut' find'. (*Ab*)

FÜNFTE SZENE

ANTOINETTE Herr Gott, jetzt hab' ich's ja schriftlich, daß der
Kari die Helen heiraten will.

EDINE Wieso denn?

ANTOINETTE Spürts ihr denn nicht, wie sie für die zukünftige
Schwägerin ins Zeug geht?

NANNI Aber geh, bring dich nicht um nichts und wieder
nichts hinein in die Verzweiflung. Er wird gleich bei der
Tür hereinkommen. *despair*

ANTOINETTE Wenn er in so einem Moment hereinkommt,

bin ich ja ganz — (*Bringt ihr kleines Tuch vor die Augen*) —
verloren. —

HUBERTA So gehen wir. Inzwischen beruhigt sie sich.

ANTOINETTE Nein, gehts ihr zwei und schauts, ob er wieder
mit der Helen red't, und störts ihn dabei. Ihr habts mich ja
oft genug gestört, wenn ich so gern mit ihm allein gewesen
wär'. Und die Edine bleibt bei mir.

Alle sind aufgestanden, Huberta und Nanni gehen ab.

SECHSTE SZENE

Antoinette und Edine setzen sich links rückwärts.

EDINE Mein liebes Kind, du hast diese ganze Geschichte mit
dem Kari vom ersten Moment falsch angepackt.

ANTOINETTE Woher weißt denn du das?

EDINE Das weiß ich von der Mademoiselle Feydeau, die hat
mir haarklein alles erzählt, wie du die ganze Situation in der
Grünleiten schon verfahren hast.

ANTOINETTE Diese mißgünstige Tratschen, was weiß denn die!

EDINE Aber sie kann doch nichts dafür, wenn sie dich hat mit
die nackten Füß' über die Stiegen 'runterlaufen gehört, und
gesehen mit offene Haar' im Mondschein mit ihm spazie-
rengehen. — Du hast eben die ganze G'schicht' von Anfang
an viel zu terre à terre angepackt. Die Männer sind ja
natürlich sehr terre à terre, aber deswegen muß eben von
unserer Seiten etwas Höheres hineingebracht werden. Ein
Mann wie der Kari Bühl aber ist sein Leben lang keiner
Person begegnet, die ein bißl einen Idealismus in ihn hineingebracht hätte. Und darum ist er selbst nicht imstand', in
eine Liebschaft was Höheres hineinzubringen, und so geht
das vice versa. Wenn du mich in der ersten Zeit ein bißl um
Rat gefragt hättest, wenn du dir hättest ein paar Direktiven
geben lassen, ein paar Bücher empfehlen lassen — so wärst
du heut' seine Frau.

ANTOINETTE Geh, ich bitt' dich, Edine, agacier mich nicht.

HUBERTA (*erscheint in der Tür*) Also: der Kari kommt. Er sucht dich.

ANTOINETTE Jesus Maria!

Sie sind aufgestanden.

NANNI (*die rechts hinausgeschaut hat*) Da kommt die Helen aus dem andern Salon.

ANTOINETTE Mein Gott, gerade in dem Moment, auf den alles ankommt, muß sie daherkommen und mir alles verderben.*Ruin* So tuts doch was dagegen. So gehts ihr doch entgegen. So halts sie doch weg, vom Zimmer da!

HUBERTA Bewahr doch ein bißl deine contenance.

NANNI Wir gehen einfach unauffällig dort hinüber.

HELENE (*tritt ein von rechts*) Ihr schauts ja aus, als ob ihr gerade von mir gesprochen hättets. (*Stille*) Unterhalts ihr euch? Soll ich euch Herren hereinschicken?

ANTOINETTE (*auf sie zu, fast ohne Selbstkontrolle*) Wir unterhalten uns famos, und du bist ein Engel, mein Schatz, daß du dich um uns umschaust. Ich hab' dir noch gar nicht guten Abend gesagt. Du schaust schöner aus als je. (*Küßt sie*) Aber laß uns nur und geh wieder.

HELENE Stör' ich euch? So geh' ich halt wieder. (*Geht*)

ANTOINETTE (*streicht sich über die Wange, als wollte sie den Kuß abstreifen*) Was mach' ich denn? Was lass' ich mich denn von ihr küssen? Von dieser Viper, dieser falschen!

HUBERTA So nimm dich ein bißl zusammen.

ZEHNTE SZENE

Hans Karl ist von rechts eingetreten.

ANTOINETTE (*nach einem kurzen Stummsein, Sichducken, rasch auf ihn zu, ganz dicht an ihn*) Ich hab' die Briefe genommen und verbrannt. Ich bin keine sentimentale Gans, als die mich meine Agathe hinstellt, daß ich mich über alte Briefe totweinen könnt'. Ich hab' einmal nur das, was ich im Moment hab', und was ich nicht hab', will ich vergessen. Ich leb' nicht in der Vergangenheit, dazu bin ich nicht alt genug.

HANS KARL Wollen wir uns nicht setzen? (*Führt sie zu den Fauteuils*)

ANTOINETTE Ich bin halt nicht schlau. Wenn man nicht raffiniert ist, dann hat man nicht die Kraft, einen Menschen zu halten, wie Sie einer sind. Denn Sie sind ein Genre mit Ihrem Vetter Stani. Das möchte ich Ihnen sagen, damit Sie es wissen. Ich kenn' euch. Monstros selbstsüchtig und grenzenlos unzart. (*Nach einer kleinen Pause*) So sagen Sie doch was!

HANS KARL Wenn Sie erlauben würden, so möchte ich versuchen, Sie an damals zu erinnern —

ANTOINETTE Ah, ich lass' mich nicht malträtieren. — Auch nicht von jemandem, der mir früher einmal nicht gleichgültig war.

HANS KARL Sie waren damals, ich meine vor zwei Jahren, Ihrem Mann momentan entfremdet. Sie waren in der großen Gefahr, in die Hände von einem Unwürdigen zu fallen. Da ist jemand gekommen — der war — zufällig ich. Ich wollte Sie — beruhigen — das war mein einziger Gedanke — Sie der Gefahr entziehen — von der ich Sie bedroht gewußt — oder gespürt hab'. Das war eine Verkettung von Zufällen — eine Ungeschicklichkeit — ich weiß nicht, wie ich es nennen soll —

ANTOINETTE Diese paar Tage damals in der Grünleiten sind das einzige wirklich Schöne in meinem ganzen Leben. Die lass' ich nicht — Die Erinnerung daran lass' ich mir nicht heruntersetzen. (*Steht auf*)

HANS KARL (*leise*) Aber ich hab' ja alles so lieb. Es war ja so schön. (*Antoinette setzt sich, mit einem ängstlichen Blick auf ihn*) Es war ja so schön!

ANTOINETTE 'Das war zufällig ich.' Damit wollen Sie mich insultieren. Sie sind draußen zynisch geworden. Ein zynischer Mensch, das ist das richtige Wort. Sie haben die Nuance verloren für das Mögliche und das Unmögliche. Wie haben Sie gesagt? Es war eine 'Ungeschicklichkeit' von Ihnen? Sie insultieren mich ja in einem fort.

HANS KARL Es ist draußen viel für mich anders geworden. Aber zynisch bin ich nicht geworden. Das Gegenteil, Antoinette. Wenn ich an unsern Anfang denke, so ist mir das etwas so Zartes, so Mysterioses, ich getraue mich kaum, es vor mir selbst zu denken. Ich möchte mich fragen: Wie komm' ich denn dazu? Hab' ich denn dürfen? Aber (*sehr leise*) ich bereu' nichts.

ANTOINETTE (*senkt die Augen*) Aller Anfang ist schön.

HANS KARL In jedem Anfang liegt die Ewigkeit.

ANTOINETTE (*ohne ihn anzusehen*) Sie halten au fond alles für möglich und alles für erlaubt. Sie wollen nicht sehen, wie hilflos ein Wesen ist, über das Sie hinweggehen — wie preisgegeben, denn das würde vielleicht Ihr Gewissen aufwecken.

HANS KARL Ich habe keins. (*Antoinette sieht ihn an*) Nicht in bezug auf uns.

ANTOINETTE Jetzt war ich das und das von Ihnen — und weiß in diesem Augenblick so wenig, woran ich mit Ihnen bin, als wenn nie was zwischen uns gewesen wär'. Sie sind ja fürchterlich.

HANS KARL Nichts ist bös. Der Augenblick ist nicht bös, *bad*. nur das Festhalten-Wollen ist unerlaubt. Nur das Sich-Festkrampeln an das, was sich nicht halten läßt —

ANTOINETTE Ja, wir leben halt nicht nur wie die gewissen
Fliegen vom Morgen bis zur Nacht. Wir sind halt am nächsten Tag auch noch da. Das paßt euch halt schlecht, solchen wie du einer bist.

HANS KARL Alles was geschieht, das macht der Zufall. Es ist
nicht zum Ausdenken, wie zufällig wir alle sind, und wie
uns der Zufall zueinanderjagt und auseinanderjagt, und wie
jeder mit jedem hausen könnte, wenn der Zufall es wollte.

ANTOINETTE Ich will nicht —

HANS KARL (*spricht weiter, ohne ihren Widerstand zu respektieren*)
Darin ist aber so ein Grausen, daß der Mensch etwas hat
finden müssen, um sich aus diesem Sumpf herauszuziehen,
bei seinem eigenen Schopf. Und so hat er das Institut
gefunden, das aus dem Zufälligen und Unreinen das Notwendige, das Bleibende und das Gültige macht: die Ehe.

ANTOINETTE Ich spür', du willst mich verkuppeln mit meinem
Mann. Es war nicht ein Augenblick, seitdem du hier sitzt,
wo ich mich hätte foppen lassen und es nicht gespürt hätte.
Du nimmst dir wirklich alles heraus, du meinst schon, daß
du alles darfst, zuerst verführen, dann noch beleidigen.

HANS KARL Ich bin kein Verführer, Toinette, ich bin kein
Frauenjäger.

ANTOINETTE Ja, das ist dein Kunststückl, damit hast du mich
herumgekriegt, daß du kein Verführer bist, kein Mann für
Frauen, daß du nur ein Freund bist, aber ein wirklicher
Freund. Damit kokettierst du, so wie du mit allem kokettierst, was du hast, und mit allem, was dir fehlt. Man
müßte, wenn's nach dir ging', nicht nur verliebt in dich
sein, sondern dich noch liebhaben über die Vernunft
hinaus, und um deiner selbst willen, und nicht einmal nur
als Mann — sondern — ich weiß ja gar nicht, wie ich sagen
soll, o mein Gott, warum muß ein und derselbe Mensch so
charmant sein und zugleich so monstros eitel und selbstsüchtig und herzlos!

HANS KARL Weiß Sie, Toinette, was Herz ist, weiß Sie das?

Daß ein Mann Herz für eine Frau hat, das kann er nur durch eins zeigen, nur durch ein einziges auf der Welt: durch die Dauer, durch die Beständigkeit. Nur dadurch: das ist die Probe, die einzige.

ANTOINETTE Laß mich mit dem Ado — ich kann mit dem Ado nicht leben —

HANS KARL Der hat dich lieb. Einmal und für alle Male. Der hat dich gewählt unter allen Frauen auf der Welt, und er hat dich liebbehalten und wird dich liebhaben für immer, weißt du, was das heißt? Für immer, gescheh' dir, was da will. Einen Freund haben, der dein ganzes Wesen liebhat, für den du immer ganz schön bist, nicht nur heut' und morgen, auch später, viel später, für den seine Augen der Schleier, den die Jahre, oder was kommen kann, über dein Gesicht werfen — für seine Augen ist das nicht da, du bist immer, die du bist, die Schönste, die Liebste, die Eine, die Einzige.

ANTOINETTE So hat er mich nicht gewählt. Geheiratet hat er mich halt. Von dem andern weiß ich nichts.

HANS KARL Aber er weiß davon.

ANTOINETTE Das, was Sie da reden, das gibt's alles nicht. Das redet er sich ein — das redet er Ihnen ein — Ihr seids einer wie der andere, ihr Männer, Sie und der Ado und der Stani, ihr seids alle aus einem Holz geschnitzt, und darum verstehts ihr euch so gut und könnts euch so gut in die Hände spielen.

HANS KARL Das red't er mir nicht ein, das weiß ich, Toinette. Das ist eine heilige Wahrheit, die weiß ich — ich muß sie immer schon gewußt haben, aber draußen ist sie erst ganz deutlich für mich geworden: es gibt einen Zufall, der macht scheinbar alles mit uns, wie er will — aber mitten in dem Hierhin- und Dorthingeworfenwerden und der Stumpfheit und Todesangst, da spüren wir und wissen es auch, es gibt halt auch eine Notwendigkeit, die wählt uns von Augenblick zu Augenblick, die geht ganz leise, ganz dicht am

Herzen vorbei und doch so schneidend scharf wie ein Schwert. Ohne die wäre da draußen kein Leben mehr gewesen, sondern nur ein tierisches Dahintaumeln. Und die gleiche Notwendigkeit gibt's halt auch zwischen Männern und Frauen — wo die ist, da ist ein Zueinandermüssen und Verzeihung und Versöhnung und Beieinanderbleiben. Und da dürfen Kinder sein, und da ist eine Ehe und ein Heiligtum, trotz allem und allem —

ANTOINETTE (*steht auf*) Alles was du redst, das heißt ja gar nichts anderes, als daß du heiraten willst, daß du demnächst die Helen heiraten wirst.

HANS KARL (*bleibt sitzen, hält sie*) Aber ich denk' doch nicht an die Helen! Ich red' doch von dir. Ich schwör' dir, daß ich von dir red'.

ANTOINETTE Aber dein ganzes Denken dreht sich um die Helen.

HANS KARL Ich schwöre dir: ich hab' einen Auftrag an die Helen. Ganz einen andern als du dir denkst. Ich sag' ihr noch heute —

ANTOINETTE Was sagst du ihr noch heute — ein Geheimnis?

HANS KARL Keines, das mich betrifft.

ANTOINETTE Aber etwas, das dich mit ihr verbindet?

HANS KARL Aber das Gegenteil!

ANTOINETTE Das Gegenteil? Ein Adieu — du sagst ihr, was ein Adieu ist zwischen dir und ihr?

HANS KARL Zu einem Adieu ist kein Anlaß, denn es war ja nie etwas zwischen mir und ihr. Aber, wenn's Ihr Freud' macht, Toinette, so kommt's beinah auf ein Adieu hinaus.

ANTOINETTE Ein Adieu fürs Leben?

HANS KARL Ja, fürs Leben, Toinette.

ANTOINETTE (*sieht ihn ganz an*) Fürs Leben? (*Nachdenklich*) Ja, sie ist so eine Heimliche und tut nichts zweimal und red't nichts zweimal. Sie nimmt nichts zurück — sie hat sich in der Hand: ein Wort muß für sie entscheidend sein. Wenn du ihr sagst: adieu — dann wird's für sie sein adieu und auf

immer. Für sie wohl. (*Nach einer kleinen Pause*) Ich lass'
mir von dir den Ado nicht einreden. Ich mag seine Händ'
nicht. Sein Gesicht nicht. Seine Ohren nicht. (*Sehr leise*)
Deine Hände hab' ich lieb. — Was bist denn du? Ja, wer
bist denn du? Du bist ein Zyniker, ein Egoist, ein Teufel
bist du! Mich sitzenlassen ist dir zu gewöhnlich. Mich
behalten, dazu bist du zu herzlos. Mich hergeben, dazu bist
du zu raffiniert. So willst du mich zugleich loswerden und
doch in deiner Macht haben, und dazu ist dir der Ado der
Richtige. — Geh hin und heirat die Helen. Heirat, wenn du
willst! Ich hab' mit deiner Verliebtheit vielleicht was
anzufangen, mit deinen guten Ratschlägen aber gar nix.
(*Will gehen. Hans Karl tut einen Schritt auf sie zu*) Lass'
Er mich gehen. (*Sie geht ein paar Schritte, dann halb zu ihm
gewendet*) Was soll denn jetzt aus mir werden? Red' Er
mir nur den Feri Uhlfeldt aus, der hat so viel Kraft, wenn
er was will. Ich hab' gesagt, ich mag ihn nicht, er hat
gesagt, ich kann nicht wissen, wie er als Freund ist, weil ich
ihn noch nicht als Freund gehabt hab'. Solche Reden ver-
wirren einen so. (*Halb unter Tränen, zart*) Jetzt wird Er an
allem schuld sein, was mir passiert.

HANS KARL Sie braucht eins in der Welt: einen Freund.
Einen guten Freund. (*Er küßt ihr die Hände*) Sei Sie gut mit
dem Ado.

ANTOINETTE Mit dem kann ich nicht gut sein.

HANS KARL Sie kann mit jedem.

ANTOINETTE (*sanft*) Kari, insultier' Er mich doch nicht.

HANS KARL Versteh' Sie doch, wie ich meine.

ANTOINETTE Ich versteh' Ihn ja sonst immer gut.

HANS KARL Könnt' Sie's nicht versuchen?

ANTOINETTE Ihm zulieb' könnt' ich's versuchen. Aber Er
müßt' dabei sein und mir helfen.

HANS KARL Jetzt hat Sie mir ein halbes Versprechen gegeben.

ELFTE SZENE

*Der berühmte Mann ist von rechts eingetreten, sucht sich Hans Karl
zu nähern, die beiden bemerken ihn nicht.*

ANTOINETTE Er hat mir was versprochen.

HANS KARL Für die erste Zeit.

ANTOINETTE *(dicht bei ihm)* Mich liebhaben!

DER BERÜHMTE MANN Pardon, ich störe wohl. *(Schnell ab)*

HANS KARL *(dicht bei ihr)* Das tu' ich ja.

ANTOINETTE Sag' Er mir sehr was Liebes: nur für den Moment. Der Moment ist ja alles. Ich kann nur im Moment
leben. Ich hab' so ein schlechtes Gedächtnis.

HANS KARL Ich bin nicht verliebt in Sie, aber ich hab' Sie
lieb.

ANTOINETTE Und das, was Er der Helen sagen wird, ist ein
Adieu?

HANS KARL Ein Adieu.

ANTOINETTE So verhandelt Er mich, so verkauft Er mich!

HANS KARL Aber Sie war mir doch noch nie so nahe.

ANTOINETTE Er wird oft zu mir kommen, mir zureden? Er
kann mir ja alles einreden. *(Hans Karl küßt sie auf die Stirn,
fast ohne es zu wissen)* Dank' schön. *(Läuft weg durch die
Mitte)*

HANS KARL *(steht verwirrt, sammelt sich)* Arme, kleine Antoinette.

ZWÖLFTE SZENE

CRESCENCE *(kommt durch die Mitte, sehr rasch)* Also brillant hast
du das gemacht. Das ist ja erste Klasse, wie du so was
deichselst.

HANS KARL Wie? Aber du weißt doch gar nicht.

CRESCENCE Was brauch' ich noch zu wissen. Ich weiß alles.
Die Antoinette hat die Augen voller Tränen, sie stürzt
an mir vorbei, sowie sie merkt, daß ich's bin, fällt sie mir

um den Hals und ist wieder dahin wie der Wind, das sagt
mir doch alles. Du hast ihr ins Gewissen geredet, du hast
ihr besseres Selbst aufgeweckt, du hast ihr klargemacht,
daß sie sich auf den Stani keine Hoffnungen mehr machen
darf, und du hast ihr den einzigen Ausweg aus der verfah-
renen Situation gezeigt, daß sie zu ihrem Mann zurück soll
und trachten soll, ein anständiges, ruhiges Leben zu führen.

HANS KARL Ja, so ungefähr. Aber es hat sich im Detail nicht
so abgespielt. Ich hab' nicht deine zielbewußte Art. Ich
komm' leicht von meiner Linie ab, das muß ich schon gestehen.

CRESCENCE Aber das ist doch ganz egal. Wenn du in so einem
Tempo ein so brillantes Resultat erzielst, jetzt, wo du in
dem Tempo drin bist, kann ich gar nicht erwarten, daß du
die zwei Konversationen mit der Helen und mit dem Poldo
Altenwyl absolvierst. Ich bitt' dich, geh sie nur an, ich
halt' dir die Daumen, denk doch nur, daß dem Stani sein
Lebensglück von deiner Suada abhängt.

HANS KARL Sei außer Sorg', Crescence, ich hab' jetzt grad
während dem Reden mit der Antoinette Hechingen so die
Hauptlinien gesehen für meine Konversation mit der Helen.
Ich bin ganz in der Stimmung. Weißt du, das ist ja meine
Schwäche, daß ich so selten das Definitive vor mir sehe:
aber diesmal seh' ich's.

CRESCENCE Siehst du, das ist das Gute, wenn man ein Programm hat. Da kommt ein Zusammenhang in die ganze
Geschichte. Also komm nur: wir suchen zusammen die
Helen, sie muß ja in einem von den Salons sein, und sowie
wir sie finden, lass' ich dich allein mit ihr. Und sobald wir
ein Resultat haben, stürz' ich ans Telephon und depechier'
den Stani hierher.

DREIZEHNTE SZENE

Crescence und Hans Karl gehen links hinaus. Helene mit Neuhoff treten von rechts herein. Man hört eine gedämpfte Musik aus einem entfernten Salon.

NEUHOFF (*hinter ihr*) Bleiben Sie stehen. Diese nichtsnutzige, leere, süße Musik und dieses Halbdunkel modellieren Sie wunderbar.

HELENE (*ist stehengeblieben, geht aber jetzt weiter auf die Fauteuils links zu*) Ich stehe nicht gern Modell, Baron Neuhoff.

NEUHOFF Auch nicht, wenn ich die Augen schließe? (*Helene sagt nichts, sie steht links*) Ihr Wesen, Helene! Wie niemand je war, sind Sie. Ihre Einfachheit ist das Resultat einer ungeheuren Anspannung. Regungslos wie eine Statue vibrieren Sie in sich, niemand ahnt es, der es aber ahnt, der vibriert mit Ihnen.

Helene sieht ihn an, setzt sich.

NEUHOFF (*nicht ganz nahe*) Wundervoll ist alles an Ihnen. Und dabei, wie alles Hohe, fast erschreckend selbstverständlich.

HELENE Ist Ihnen das Hohe selbstverständlich? Das war ein nobler Gedanke.

NEUHOFF Vielleicht könnte man seine Frau werden — das war es, was Ihre Lippen sagen wollten, Helene!

HELENE Lesen Sie von den Lippen wie die Taubstummen?

NEUHOFF (*einen Schritt näher*) Sie *werden mich heiraten*, weil Sie meinen Willen spüren in einer willenlosen Welt.

HELENE (*vor sich*) Muß man? Ist es ein Gebot, dem eine Frau sich fügen muß: wenn sie gewählt und gewollt wird?

NEUHOFF Es gibt Wünsche, die nicht weither sind. Die darf man unter seine schönen rassigen Füße treten. Der meine ist weither. Er ist gewandert um die halbe Welt. Hier fand er sein Ziel. Sie wurden gefunden, Helene Altenwyl, vom stärksten Willen, auf dem weitesten Umweg, in der kraftlosesten aller Welten.

HELENE Ich bin aus ihr und bin nicht kraftlos.

NEUHOFF Ihr habt dem schönen Schein alles geopfert, auch die Kraft. Wir, dort in unserm nordischen Winkel, wo uns die Jahrhunderte vergessen, wir haben die Kraft behalten. So stehen wir gleich zu gleich und doch ungleich zu ungleich, und aus dieser Ungleichheit ist mir mein Recht über Sie erwachsen. *Nebenmensch* *Caricature*

HELENE Ihr Recht?

NEUHOFF Das Recht des geistig Stärksten über die Frau, die er zu vergeistigen vermag.

HELENE Ich mag nicht diese mystischen Redensarten.

NEUHOFF Es waltet etwas Mystik zwischen zwei Menschen, die sich auf den ersten Blick erkannt haben. Ihr Stolz soll es nicht verneinen.

HELENE (*ist aufgestanden*) Er verneint es immer wieder.

NEUHOFF Helene, bei Ihnen wäre meine Rettung — meine Zusammenfassung, meine Ermöglichung!

HELENE Ich will von niemand wissen, der sein Leben unter solche Bedingungen stellt! (*Sie tut ein paar Schritte an ihm vorbei; ihr Blick haftet an der offenen Tür rechts, wo sie eingetreten ist*)

NEUHOFF Wie Ihr Gesicht sich verändert! Was ist das, Helene?

Helene schweigt, sieht nach rechts.

NEUHOFF (*ist hinter sie getreten, folgt ihrem Blick*) Oh! Graf Bühl erscheint auf der Bildfläche! (*Er tritt zurück von der Tür*) Sie fühlen magnetisch seine Nähe — ja spüren Sie denn nicht, unbegreifliches Geschöpf, daß Sie für ihn nicht da sind?

HELENE Ich bin schon da für ihn, irgendwie bin ich schon da!

NEUHOFF Verschwenderin! Sie leihen ihm alles, auch noch die Kraft, mit der er Sie hält.

HELENE Die Kraft, mit der ein Mensch einen hält — die hat ihm wohl Gott gegeben.

NEUHOFF Ich staune. Womit übt ein Kari Bühl diese Faszination über Sie? Ohne Verdienst, sogar ohne Bemühung, ohne Willen, ohne Würde —

HELENE Ohne Würde!

NEUHOFF Der schlaffe zweideutige Mensch hat keine Würde.

HELENE Was für Worte gebrauchen Sie da?

NEUHOFF Mein nördlicher Jargon klingt etwas scharf in Ihre schöngeformten Ohren. Aber ich vertrete seine Schärfe. Zweideutig nenne ich den Mann, der sich halb verschenkt und sich halb zurückbehält — der Reserven in allem und jedem hält — in allem und jedem Berechnungen —

HELENE Berechnung und Kari Bühl! Ja, sehen Sie ihn denn wirklich so wenig! Freilich ist es unmöglich, sein letztes Wort zu finden, das bei andern so leicht zu finden ist. Die Ungeschicklichkeit, die ihn so liebenswürdig macht, der timide Hochmut, seine Herablassung, freilich ist alles ein Versteckenspiel, freilich läßt es sich mit plumpen Händen nicht fassen. — Die Eitelkeit erstarrt ihn ja nicht, durch die alle andern steif und hölzern werden — die Vernunft erniedrigt ihn ja nicht, die aus den meisten so etwas Gewöhnliches macht — er gehört nur sich selber — niemand kennt ihn, da ist es kein Wunder, daß Sie ihn nicht kennen!

NEUHOFF So habe ich Sie nie zuvor gesehen, Helene. Ich genieße diesen unvergleichlichen Augenblick! Einmal sehe ich Sie, wie Gott Sie geschaffen hat, Leib und Seele. Ein Schauspiel für Götter. Pfui über die Weichheit bei Männern wie bei Frauen! Aber Strenge, die weich wird, ist herrlich über alles! (*Helene schweigt*) Gestehen Sie mir zu, es zeugt von etwas Superiorität, wenn ein Mann es an einer Frau genießen kann, wie sie einen andern bewundert. Aber ich vermag es: denn ich bagatellisiere Ihre Bewunderung für Kari Bühl.

HELENE Sie verwechseln die Nuancen. Sie sind aigriert, wo
es nicht am Platz ist.

NEUHOFF Über was ich hinweggehe, das aigriert mich nicht.

HELENE Sie kennen ihn nicht! Sie haben ihn kaum gesprochen.

NEUHOFF Ich habe ihn besucht — (*Helene sieht ihn an*) Es ist
nicht zu sagen, wie dieser Mensch Sie preisgibt — Sie be-
deuten ihm nichts. Sie sind es, über die er hinweggeht.

HELENE (*ruhig*) Nein.

NEUHOFF Es war ein Zweikampf zwischen mir und ihm, ein
Zweikampf um Sie — und ich bin nicht unterlegen.

HELENE Nein, es war kein Zweikampf. Es verdient keinen so
heroischen Namen. Sie sind hingegangen, um dasselbe zu
tun, was ich in diesem Augenblick tu'! (*Lacht*) Ich gebe
mir alle Mühe, den Grafen Bühl zu sehen, ohne daß er
mich sieht. Aber ich tue es ohne Hintergedanken.

NEUHOFF Helene!

HELENE Ich denke nicht, dabei etwas wegzutragen, das mir
nützen könnte!

NEUHOFF Sie treten mich ja in den Staub, Helene — und ich
lasse mich treten! (*Helene schweigt*) Und nichts bringt
mich näher?

HELENE Nichts. (*Sie geht einen Schritt auf die Tür rechts zu*)

NEUHOFF Alles an Ihnen ist schön, Helene. Wenn Sie sich
niedersetzen, ist es, als ob Sie ausruhen müßten von einem
großen Schmerz — und wenn Sie quer durchs Zimmer
gehen, ist es, als ob Sie einer ewigen Entscheidung entge-
gengingen.

*Hans Karl ist in der Tür rechts erschienen. Helene gibt Neuhoff
keine Antwort. Sie geht lautlos langsam auf die Tür rechts zu.
Neuhoff geht schnell links hinaus.*

VIERZEHNTE SZENE

HANS KARL Ja, ich habe mit Ihnen zu reden.

HELENE Is es etwas sehr Ernstes?

HANS KARL Es kommt vor, daß es einem zugemutet wird. Durchs Reden kommt ja alles auf der Welt zustande. Allerdings, es ist ein bißl lächerlich, wenn man sich einbildet, durch wohlgesetzte Wörter eine weiß Gott wie große Wirkung auszuüben, in einem Leben, wo doch schließlich alles auf das Letzte, Unaussprechliche ankommt. Das Reden basiert auf einer indezenten Selbstüberschätzung.

HELENE Wenn alle Menschen wüßten, wie unwichtig sie sind, würde keiner den Mund aufmachen.

HANS KARL Sie haben einen so klaren Verstand, Helene. Sie wissen immer in jedem Moment so sehr, worauf es ankommt.

HELENE Weiß ich das?

HANS KARL Man versteht sich mit Ihnen ausgezeichnet. Da muß man sehr achtgeben.

HELENE (*sieht ihn an*) Da muß man achtgeben?

HANS KARL Freilich. Sympathie ist ganz gut, aber auf ihr herumzureiten, wäre doch namenlos indiskret. Darum muß man doch gerade auf der Hut sein, wenn man das Gefühl hat, sich sehr gut zu verstehen.

HELENE Das müssen Sie tun, natürlich. So ist Ihre Natur. Wer sich einfallen ließe, Sie fixieren zu wollen, wäre schon verloren. Aber wer glaubt, daß Sie ihm für immer adieu gesagt haben, dem könnte passieren, daß Sie ihm wieder guten Tag sagen. — Heut' hat die Antoinette wieder Charme für Sie gehabt.

HANS KARL Sie bemerken alles!

HELENE Sie verbrauchen auf Ihre Art die armen Frauen, aber Sie haben sie gar nicht sehr lieb. Es gehört viel contenance dazu oder ein bißl Gewöhnlichkeit, um Ihre Freundin zu bleiben.

HANS KARL Wenn Sie mich so sehen, dann bin ich Ihnen ja
direkt unsympathisch!

HELENE Gar nicht. Sie sind charmant. Sie sind bei all dem
wie ein Kind.

HANS KARL Wie ein Kind? Und dabei bin ich nahezu ein
alter Mensch. Das ist doch eine horreur. Mit neunund-
dreißig Jahren nicht wissen, woran man mit sich selber ist,
das ist doch eine Schand'.

HELENE Ich brauchte nie nachzudenken, woran ich mit mir
selber bin. Bei mir ist wirklich gar nichts los, es ist nichts
da als ein anständiges, ruhiges Benehmen.

HANS KARL Sie haben so eine reizende Art!

HELENE Ich möchte nicht sentimental sein, das langweilt
mich. Ich möchte lieber terre à terre sein, wie Gott weiß
wer, als sentimental. Ich möchte auch nicht spleenig sein,
und ich möchte nicht kokett sein. So bleibt mir nichts
übrig, als möglichst artig zu sein. (*Hans Karl schweigt*) Au
fond können wir Frauen tun, was wir wollen, meinetwegen solfèges singen oder politisieren, wir meinen immer
noch was andres damit. — Solfèges singen ist indiskreter,
Artigsein ist diskreter, es drückt die bestimmte Absicht aus,
keine Indiskretionen zu begehen. Weder gegen sich, noch
gegen einen andern.

HANS KARL Alles an Ihnen ist besonders und schön. Ihnen
kann ja gar nichts geschehen. Heiraten Sie wen immer,
heiraten Sie den Neuhoff, nein, den Neuhoff, wenn sich's
vermeiden läßt, lieber nicht, aber den ersten besten frischen
Menschen, einen Menschen wie meinen Neffen Stani, ja
wirklich, Helene, heiraten Sie den Stani, er möchte so gern,
und Ihnen kann ja gar nichts passieren. Sie sind ja unzerstörbar, das steht ja deutlich in Ihrem Gesicht geschrieben.
Ich bin immer fasziniert von einem wirklich schönen
Gesicht — aber das Ihre —

HELENE Ich möchte nicht, daß Sie so mit mir reden, Graf Bühl.

HANS KARL Aber nein, an Ihnen ist ja nicht die Schönheit das

Entscheidende, sondern etwas ganz anderes: in Ihnen liegt das Notwendige. Sie können mich natürlich nicht verstehen, ich versteh' mich selbst viel schlechter, wenn ich red', als wenn ich still bin. Ich kann gar nicht versuchen, Ihnen das zu explizieren, es ist halt etwas, was ich draußen begreifen gelernt habe: daß in den Gesichtern der Menschen etwas geschrieben steht. Sehen Sie, auch in einem Gesicht wie dem von der Antoinette kann ich lesen —

HELENE (*mit einem flüchtigen Lächeln*) Aber davon bin ich überzeugt.

HANS KARL (*ernst*) Ja, es ist ein charmantes, liebes Gesicht, aber es steht immer ein und derselbe stumme Vorwurf in ihm eingegraben: Warum habts ihr mich alle dem fürchterlichen Zufall überlassen? Und das gibt ihrer kleinen Maske etwas so Hilfloses, Verzweifeltes, daß man Angst um sie haben könnte.

HELENE Aber die Antoinette ist doch da. Sie existiert doch so ganz für den Moment. So müssen doch Frauen sein, der Moment ist ja alles. Was soll denn die Welt mit einer Person anfangen, wie ich bin? Für mich ist ja der Moment gar nicht da, ich stehe da und sehe die Lampen dort brennen, und in mir sehe ich sie schon ausgelöscht. Und ich spreche mit Ihnen, wir sind ganz allein in einem Zimmer, aber in mir ist das jetzt schon vorbei: wie wenn irgendein gleichgültiger Mensch hereingekommen wäre und uns gestört hätte, die Huberta oder der Theophil Neuhoff oder wer immer, und das schon vorüber wäre, daß ich mit Ihnen allein dagesessen bin, bei dieser Musik, die zu allem auf der Welt besser paßt, als zu uns beiden — und Sie schon wieder irgendwo dort zwischen den Leuten. Und ich auch irgendwo zwischen den Leuten.

HANS KARL (*leise*) Jeder muß glücklich sein, der mit Ihnen leben darf, und muß Gott danken bis an sein Lebensende, Helen, bis an sein Lebensende, sei's wer's sei. Nehmen Sie nicht den Neuhoff, Helen, — eher einen Menschen wie den

Stani, oder auch nicht den Stani, einen ganz andern, der ein
braver, nobler Mensch ist — und ein Mann: das ist alles,
was ich nicht bin. (*Er steht auf*)

HELENE (*steht auch auf, sie spürt, daß er gehen will*) Sie sagen mir
ja adieu! (*Hans Karl gibt keine Antwort*) Auch das hab' ich
voraus gewußt. Daß einmal ein Moment kommen wird,
wo Sie mir so plötzlich adieu sagen werden und ein Ende
machen — wo gar nichts war. Aber denen, wo wirklich
was war, denen können Sie nie adieu sagen.

HANS KARL Helen, es sind gewisse Gründe.

HELENE Ich glaube, ich habe alles in der Welt, was sich auf
uns zwei bezieht, schon einmal gedacht. So sind wir schon
einmal gestanden, so hat eine fade Musik gespielt, und so
haben Sie mir adieu gesagt, einmal für allemal.

HANS KARL Es ist nicht nur so aus diesem Augenblick heraus,
Helen, daß ich Ihnen adieu sage. O nein, das dürfen Sie
nicht glauben. Denn daß man jemandem adieu sagen muß,
dahinter versteckt sich ja was.

HELENE Was denn?

HANS KARL Da muß man ja sehr zu jemandem gehören und
doch nicht ganz zu ihm gehören dürfen.

HELENE (*zuckt*) Was wollen Sie damit sagen?

HANS KARL Da draußen, da war manchmal was — mein Gott,
ja, wer könnte denn das erzählen!

HELENE Ja, mir. Jetzt.

HANS KARL Da waren solche Stunden, gegen Abend oder in
der Nacht, der frühe Morgen mit dem Morgenstern —
Helen, Sie waren da sehr nahe von mir. Dann war dieses
Verschüttetwerden, Sie haben davon gehört —

HELENE Ja, ich hab' davon gehört —

HANS KARL Das war nur ein Moment, dreißig Sekunden sollen
es gewesen sein, aber nach innen hat das ein anderes Maß.
Für mich war's eine ganze Lebenszeit, die ich gelebt hab',
und in diesem Stück Leben, da waren Sie meine Frau. Ist
das nicht spaßig?

HELENE Da war ich Ihre Frau?

HANS KARL Nicht meine zukünftige Frau. Das ist das Sonderbare. Meine Frau ganz einfach. Als ein fait accompli. Das Ganze hat eher etwas Vergangenes gehabt als etwas Zukünftiges. (*Helene schweigt*) Mein Gott, ich bin eben nicht möglich, das sag' ich ja der Crescence! Jetzt sitz' ich da neben Ihnen in einer Soiree und verlier' mich in Geschichten, wie der alte Millesimo, Gott hab' ihn selig, den schließlich die Leut' allein sitzen haben lassen, mit seinen Anekdoten ohne Pointe, und der das gar nicht bemerkt hat und mutterseelenallein weitererzählt hat.

HELENE Aber ich lass' Sie gar nicht sitzen, ich hör' zu, Graf Kari. Sie haben mir etwas sagen wollen, war es das?

HANS KARL Nämlich: das war eine sehr subtile Lektion, die mir da eine höhere Macht erteilt hat. Ich werd' Ihnen sagen, Helen, was die Lektion bedeutet hat. (*Helene hat sich gesetzt, er setzt sich auch, die Musik hat aufgehört*) Es hat mir in einem ausgewählten Augenblick ganz eingeprägt werden sollen, wie das Glück ausschaut, daß ich mir verscherzt habe. Wodurch ich mir's verscherzt habe, das wissen Sie ja so gut wie ich.

HELENE Das weiß ich so gut wie Sie?

HANS KARL Indem ich halt, solange noch Zeit war, nicht erkannt habe, worin das Einzige liegen könnte, worauf es ankäm'. Und daß ich das nicht erkannt habe, das war eben die Schwäche meiner Natur. Und so habe ich diese Prüfung nicht bestanden. Später im Feldspital, in den vielen ruhigen Tagen und Nächten hab' ich das alles mit einer unbeschreiblichen Klarheit und Reinheit erkennen können.

HELENE War es das, was Sie mir haben sagen wollen, genau das?

HANS KARL Die Genesung ist so ein merkwürdiger Zustand. Darin ist mir die ganze Welt wiedergekommen, wie etwas Reines, Neues und dabei so Selbstverständliches. Ich hab' da auf einmal ausdenken können, was das ist: ein Mensch.

Und wie das sein muß: zwei Menschen, die ihr Leben auf-
einanderlegen und werden wie *ein* Mensch. Ich habe — in
der Ahnung wenigstens — mir vorstellen können — was
da dazu gehört, wie heilig das ist und wie wunderbar.
Und sonderbarerweise, es war nicht meine Ehe, die ganz
ungerufen die Mitte von diesem Denken war — obwohl es
ja leicht möglich ist, daß ich noch einmal heirat' —, sondern es war Ihre Ehe.

HELENE Meine Ehe! Meine Ehe — mit wem denn?

HANS KARL Das weiß ich nicht. Aber ich hab' mir das in
einer ganz genauen Weise vorstellen können, wie das alles
sein wird, und wie es sich abspielen wird, mit ganz wenigen
Leuten und ganz heilig und feierlich, und wie alles so sein
wird, wie sich's gehört zu Ihren Augen und zu Ihrer Stirn
und zu Ihren Lippen, die nichts Überflüssiges reden können,
und zu Ihren Händen, die nichts Unwürdiges besiegeln
können — und sogar das Ja-Wort hab' ich gehört, ganz
klar und rein, von Ihrer klaren, reinen Stimme — ganz von
weitem, denn ich war doch natürlich nicht dabei, ich war
doch nicht dabei! — Wie käm' ich als ein Außenstehender
zu der Zeremonie — Aber es hat mich gefreut, Ihnen einmal zu sagen, wie ich's Ihnen mein'. — Und das kann man
natürlich nur in einem besonderen Moment; wie der
jetzige, sozusagen in einem definitiven Moment —

Helene ist dem Umsinken nah, beherrscht sich aber.

HANS KARL (*Tränen in den Augen*) Mein Gott, jetzt hab' ich
Sie ganz bouleversiert, das liegt an meiner unmöglichen
Art, ich attendrier' mich sofort, wenn ich von was sprech'
oder hör', was nicht aufs Allerbanalste hinausgeht — es sind
die Nerven seit der Geschichte, aber das steckt sensible
Menschen wie Sie natürlich an — ich gehör' eben nicht
unter Menschen — das sag' ich ja der Crescence — ich
bitt' Sie tausendmal um Verzeihung, vergessen Sie alles,
was ich da Konfuses zusammengered't hab' — es kommen

ja in so einem Abschiedsmoment tausend Erinnerungen durcheinander — (*hastig, weil er fühlt, daß sie nicht mehr allein sind*) — aber wer sich beisammen hat, der vermeidet natürlich, sie auszukramen — Adieu, Helen, Adieu.

Der berühmte Mann ist von rechts eingetreten.

HELENE (*kaum ihrer selbst mächtig*) Adieu!

Sie wollen sich die Hände geben, keine Hand findet die andere. Hans Karl will fort nach rechts. Der berühmte Mann tritt auf ihn zu. Hans Karl sieht sich nach links um. Crescence tritt von links ein.

DER BERÜHMTE MANN Es war seit langem mein lebhafter Wunsch, Euer Erlaucht —

HANS KARL (*eilt fort nach rechts*) Pardon, mein Herr! (*An ihm vorbei*)

Crescence tritt zu Helene, die totenblaß dasteht. Der berühmte Mann ist verlegen abgegangen. Hans Karl erscheint nochmals in der Tür rechts, sieht herein, wie unschlüssig, und verschwindet gleich wieder, wie er Crescence bei Helene sieht.

HELENE (*zu Crescence, fast ohne Besinnung*) Du bist's, Crescence? Er ist ja noch einmal hereingekommen. Hat er noch etwas gesagt? (*Sie taumelt, Crescence hält sie*)

CRESCENCE Aber ich bin ja so glücklich. Deine Ergriffenheit macht mich ja so glücklich!

HELENE Pardon, Crescence, sei mir nicht bös! (*Macht sich los und läuft weg nach links*)

CRESCENCE Ihr habts euch eben beide viel lieber, als ihr wißts, der Stani und du! (*Sie wischt sich die Augen*)

Der Vorhang fällt.

DRITTER AKT

Vorsaal im Altenwylschen Haus. Rechts der Ausgang in die Einfahrt. Treppe in der Mitte. Hinaufführend zu einer Galerie, von der links und rechts je eine Flügeltür in die eigentlichen Gemächer führt. Unten neben der Treppe niedrige Diwans oder Bänke.

ERSTE SZENE

KAMMERDIENER (*steht beim Ausgang rechts. Andere Diener stehen außerhalb, sind durch die Glasscheiben des Windfangs sichtbar. Kammerdiener ruft den andern Dienern zu*) Herr Hofrat Professor Brücke!

Der berühmte Mann kommt die Treppe herunter. Diener kommt von rechts mit dem Pelz, in dem innen zwei Cachenez hängen, mit Überschuhen.

KAMMERDIENER (*während dem berühmten Mann in die Überkleider geholfen wird*) Befehlen Herr Hofrat ein Auto?

DER BERÜHMTE MANN Ich danke. Ist Seine Erlaucht, der Graf Bühl nicht soeben vor mir gewesen?

KAMMERDIENER Soeben im Augenblick.

DER BERÜHMTE MANN Ist er fortgefahren?

KAMMERDIENER Nein, Erlaucht hat sein Auto weggeschickt, er hat zwei Herren vorfahren sehen und ist hinter die Portiersloge getreten und hat sie vorbeigelassen. Jetzt muß er gerade aus dem Haus sein.

DER BERÜHMTE MANN (*beeilt sich*) Ich werde ihn einholen. (*Er geht, man sieht zugleich draußen Stani und Hechingen eintreten*)

ZWEITE SZENE

Stani und Hechingen treten ein, hinter jedem ein Diener, der ihm Überrock und Hut abnimmt.

STANI (*grüßt im Vorbeigehen den berühmten Mann*) Guten Abend, Wenzel, meine Mutter ist da?

KAMMERDIENER Sehr wohl, Frau Gräfin sind beim Spiel. (*Tritt ab, ebenso die andern Diener. Stani will hinaufgehen. Hechingen steht seitlich an einem Spiegel, sichtlich nervös. Ein anderer Altenwylscher Diener kommt die Treppe herab*)

STANI (*hält den Diener auf*) Sie kennen mich?

DIENER Sehr wohl, Herr Graf.

STANI Gehen Sie durch die Salons und suchen Sie den Grafen Bühl, bis Sie ihn finden. Dann nähern Sie sich ihm unauffällig und melden ihm, ich lasse ihn bitten auf ein Wort, entweder im Eckzimmer der Bildergalerie oder im chinesischen Rauchzimmer. Verstanden? Also was werden Sie sagen?

DIENER Ich werde melden, Herr Graf Freudenberg wünschen mit Seiner Erlaucht privat ein Wort zu sprechen, entweder im Ecksalon —

STANI Gut.   *Diener geht.*   *herabkommes*

HECHINGEN Pst, Diener!

Diener hört ihn nicht, geht oben hinein. Stani hat sich gesetzt. Hechingen sieht ihn an.

STANI Wenn du vielleicht ohne mich eintreten würdest? Ich habe eine Post hinaufgeschickt, ich warte hier einen Moment, bis er mir die Antwort bringt.

HECHINGEN Ich leiste dir Gesellschaft.   *lend you*

STANI Nein, ich bitte sehr, daß du dich durch mich nicht aufhalten laßt. Du warst ja sehr pressiert, herzukommen —

HECHINGEN Mein lieber Stani, du siehst mich in einer ganz

besonderen Situation vor dir. Wenn ich jetzt die Schwelle dieses Salons überschreite, so entscheidet sich mein Schicksal.

STANI (*enerviert über Hechingens nervöses Aufundabgehen*) Möchtest du nicht vielleicht Platz nehmen? Ich wart' nur auf den Diener, wie gesagt.

HECHINGEN Ich kann mich nicht setzen, ich bin zu agitiert.

STANI Du hast vielleicht ein bissel schnell den Schampus hinuntergetrunken.

HECHINGEN Auf die Gefahr hin, dich zu langweilen, mein lieber Stani, muß ich dir gestehen, daß für mich in dieser Stunde außerordentlich Großes auf dem Spiel steht.

STANI (*während Hechingen sich wieder nervös zerstreut von ihm entfernt*) Aber es steht ja öfter irgend etwas Serioses auf dem Spiel. Es kommt nur darauf an, sich nichts merken zu lassen.

HECHINGEN (*wieder näher*) Dein Onkel Kari hat es in seiner freundschaftlichen Güte auf sich genommen, mit der Antoinette, mit meiner Frau, ein Gespräch zu führen, dessen Ausgang wie gesagt —

STANI Der Onkel Kari?

HECHINGEN Ich mußte mir sagen, daß ich mein Schicksal in die Hand keines nobleren, keines selbstloseren Freundes —

STANI Aber natürlich — Wenn er nur die Zeit gefunden hat?

HECHINGEN Wie?

STANI Er übernimmt manchmal ein bissel viel, der Onkel Kari. Wenn irgend jemand etwas von ihm will — er kann nicht nein sagen.

HECHINGEN Es war abgemacht, daß ich im Klub ein telephonisches Signal erwarte, ob ich hierherkommen soll, oder ob mein Erscheinen noch nicht opportun ist.

STANI Ah. Da hätte ich aber an deiner Stelle auch wirklich gewartet.

HECHINGEN Ich war nicht mehr imstande, länger zu warten. Bedenke, was für mich auf dem Spiel steht!

STANI Über solche Entscheidungen muß man halt ein bissel erhaben sein. Aha! (*Sieht den Diener, der oben heraustritt. Diener kommt die Treppe herunter. Stani ihm entgegen, läßt Hechingen stehen*)

DIENER Nein, ich glaube, Seine Erlaucht müssen fort sein.

STANI Sie glauben? Ich habe Ihnen gesagt, Sie sollen herumgehen, bis Sie ihn finden.

DIENER Verschiedene Herrschaften haben auch schon gefragt, Seine Erlaucht müssen rein unauffällig verschwunden sein.

STANI Sapristi! Dann gehen Sie zu meiner Mutter und melden Sie ihr, ich lasse vielmals bitten, sie möchte auf einen Moment zu mir in den vordersten Salon herauskommen. Ich muß meinen Onkel oder sie sprechen, bevor ich eintrete.

DIENER Sehr wohl. (*Geht wieder hinauf*)

HECHINGEN Mein Instinkt sagt mir, daß der Kari in der Minute heraustreten wird, um mir das Resultat zu verkündigen, und daß es ein glückliches sein wird.

STANI So einen sicheren Instinkt hast du? Ich gratuliere.

HECHINGEN Etwas hat ihn abgehalten zu telephonieren, aber er hat mich herbeigewünscht. Ich fühle mich ununterbrochen im Kontakt mit ihm.

STANI Fabelhaft!

HECHINGEN Das ist bei uns gegenseitig. Sehr oft spricht er etwas aus, was ich im gleichen Augenblick mir gedacht habe.

STANI Du bist offenbar ein großartiges Medium.

HECHINGEN Mein lieber Freund, wie ich ein junger Hund war wie du, hätte ich auch viel nicht für möglich gehalten, aber wenn man seine Fünfunddreißig auf dem Buckel hat, da gehen einem die Augen für so manches auf. Es ist ja, wie wenn man früher taub und blind gewesen wäre.

STANI Was du nicht sagst!

HECHINGEN Ich verdank' ja dem Kari geradezu meine zweite Erziehung. Ich lege Gewicht darauf, klarzustellen, daß ich ohne ihn einfach aus meiner verworrenen Lebenssituation nicht herausgefunden hätte.

STANI Das ist enorm.

HECHINGEN Ein Wesen wie die Antoinette, mag man auch ihr
Mann gewesen sein, das sagt noch gar nichts, man hat eben
keine Ahnung von dieser inneren Feinheit. Ich bitte nicht
zu übersehen, daß ein solches Wesen ein Schmetterling ist,
dessen Blütenstaub man schonen muß. Wenn du sie kennen
würdest, ich meine näher kennen — (*Stani, verbindliche
Gebärde*) Ich fass' mein Verhältnis zu ihr jetzt so auf, daß es
einfach meine Schuldigkeit ist, ihr die Freiheit zu gewähren,
deren ihre bizarre, phantasievolle Natur bedarf. Sie hat die
Natur der grande dame des achtzehnten Jahrhunderts. Nur
dadurch, daß man ihr die volle Freiheit gewährt, kann man
sie an sich fesseln.

STANI Ah.

HECHINGEN Man muß large sein, das ist es, was ich dem Kari
verdanke. Ich würde keineswegs etwas Irreparables darin
erblicken, einen Menschen, der sie verehrt, in larger Weise
heranzuziehen.

STANI Ich begreife.

HECHINGEN Ich würde mich bemühen, meinen Freund aus
ihm zu machen, nicht aus Politik, sondern ganz unbefangen.
Ich würde ihm herzlich entgegenkommen: das ist die Art,
wie der Kari mir gezeigt hat, daß man die Menschen nehmen muß: mit einem leichten Handgelenk.

STANI Aber es ist nicht alles au pied de la lettre zu nehmen,
was der Onkel Kari sagt.

HECHINGEN Au pied de la lettre natürlich nicht. Ich würde
dich bitten, nicht zu übersehen, daß ich genau fühle, worauf
es ankommt. Es kommt alles auf ein gewisses Etwas an, auf
eine Grazie — ich möchte sagen, es muß alles ein beständiges
Impromptu sein. (*Er geht nervös auf und ab*)

STANI Man muß vor allem seine Tenue zu wahren wissen.
Beispielsweise, wenn der Onkel Kari eine Entscheidung
über was immer zu erwarten hätte, so würde kein Mensch
ihm etwas anmerken.

HECHINGEN Aber natürlich. Dort hinter dieser Statue oder hinter der großen Azalee würde er mit der größten Non-chalance stehen und plauschen — ich mal' mir das aus! Auf die Gefahr hin, dich zu langweilen, ich schwör' dir, daß ich jede kleine Nuance, die in ihm vorgehen würde, nachempfinden kann.

STANI Da wir uns aber nicht beide hinter die Azalee stellen können und dieser Idiot von Diener absolut nicht wieder-kommt, so werden wir vielleicht hinaufgehen.

HECHINGEN Ja, gehen wir beide. Es tut mir wohl, diesen Augenblick nicht allein zu verbringen. Mein lieber Stani, ich hab' eine so aufrichtige Sympathie für dich! (*Hängt sich in ihn ein*)

STANI (*indem er seinen Arm von dem Hechingens entfernt*) Aber vielleicht nicht bras dessus bras dessous wie die Komtessen, wenn sie das erste Jahr ausgehen, sondern jeder extra.

HECHINGEN Bitte, bitte, wie dir's genehm ist. —

STANI Ich würde dir vorschlagen, als erster zu starten. Ich komm' dann sofort nach.

Hechingen geht voraus, verschwindet oben. Stani geht ihm nach.

DRITTE SZENE

HELENE (*tritt aus einer kleinen versteckten Tür in der linken Seitenwand. Sie wartet, bis Stani oben unsichtbar geworden ist. Dann ruft sie den Kammerdiener leise an*) Wenzel, Wenzel, ich will Sie etwas fragen.

KAMMERDIENER (*geht schnell zu ihr hinüber*) Befehlen Komtesse?

HELENE (*mit sehr leichtem Ton*) Haben Sie gesehen, ob der Graf Bühl fortgegangen ist?

KAMMERDIENER Jawohl, sind fortgegangen, vor fünf Minu-ten.

HELENE Er hat nichts hinterlassen?

KAMMERDIENER Wie meinen die Komtesse?

HELENE Einen Brief oder eine mündliche Post.

KAMMERDIENER Mir nicht, ich werde gleich die andern Diener fragen. (*Geht hinüber*)

Helene steht und wartet. Stani wird oben sichtbar. Er sucht zu sehen, mit wem Helene spricht, und verschwindet dann wieder.

KAMMERDIENER (*kommt zurück zu Helene*) Nein, gar nicht. Er hat sein Auto weggeschickt, sich eine Zigarre angezündet und ist gegangen.

Helene sagt nichts.

KAMMERDIENER (*nach einer kleinen Pause*) Befehlen Komtesse noch etwas?

HELENE Ja, Wenzel, ich werd' in ein paar Minuten wiederkommen, und dann werd' ich aus dem Hause gehen.

KAMMERDIENER Wegfahren, noch jetzt am Abend?

HELENE Nein, gehen, zu Fuß.

KAMMERDIENER Ist jemand krank worden?

HELENE Nein, es ist niemand krank, ich muß mit jemandem sprechen.

KAMMERDIENER Befehlen Komtesse, daß wer begleitet außer der Miß?

HELENE Nein, ich werde ganz allein gehen, auch die Miß Jekyll wird mich nicht begleiten. Ich werde hier herausgehen, in einem Augenblick, wenn niemand von den Gästen hier fortgeht. Und ich werde Ihnen einen Brief für den Papa geben.

KAMMERDIENER Befehlen, daß ich den dann gleich hineintrage?

HELENE Nein, geben Sie ihn dem Papa, wenn er die letzten Gäste begleitet hat.

KAMMERDIENER Wenn sich alle Herrschaften verabschiedet haben?

HELENE Ja, im Moment, wo er befiehlt, das Licht auszulöschen. Aber dann bleiben Sie bei ihm. Ich möchte, daß Sie — (*Sie stockt*)

KAMMERDIENER Befehlen?

HELENE Wie alt war ich, Wenzel, wie Sie hier ins Haus gekommen sind?

KAMMERDIENER Fünf Jahre altes Mäderl waren Komtesse.

HELENE Es ist gut, Wenzel, ich danke Ihnen. Ich werde hier herauskommen, und Sie werden mir ein Zeichen geben, ob der Weg frei ist. (*Reicht ihm ihre Hand zum Küssen*)

KAMMERDIENER Befehlen. (*Küßt die Hand*)

Helene geht wieder ab durch die kleine Tür.

VIERTE SZENE

Antoinette und Neuhoff kommen rechts seitwärts der Treppe aus dem Wintergarten.

ANTOINETTE Das war die Helen. War sie allein? Hat sie mich gesehen?

NEUHOFF Ich glaube nicht. Aber was liegt daran? Jedenfalls haben Sie diesen Blick nicht zu fürchten.

ANTOINETTE Ich fürcht' mich vor ihr. Sooft ich an sie denk', glaub' ich, daß mich wer angelogen hat. Gehen wir woanders hin, wir können nicht hier im Vestibül sitzen.

NEUHOFF Beruhigen Sie sich. Kari Bühl ist fort. Ich habe soeben gesehen, wie er fortgegangen ist.

ANTOINETTE Gerade jetzt im Augenblick?

NEUHOFF (*versteht, woran sie denkt*) Er ist unbemerkt und unbegleitet fortgegangen.

ANTOINETTE Wie?

NEUHOFF Eine gewisse Person hat ihn nicht bis hierher begleitet und hat überhaupt in der letzten halben Stunde seines Hierseins nicht mit ihm gesprochen. Ich habe es festgestellt. Seien Sie ruhig.

ANTOINETTE Er hat mir geschworen, er wird ihr adieu sagen für immer. Ich möcht' ihr Gesicht sehen, dann wüßt' ich —

NEUHOFF Dieses Gesicht ist hart wie Stein. Bleiben Sie bei
mir hier.

ANTOINETTE Ich —

NEUHOFF Ihr Gesicht ist entzückend. Andere Gesichter ver-
stecken alles. Das Ihrige ist ein unaufhörliches Geständnis.
Man könnte diesem Gesicht alles entreißen, was je in Ihnen
vorgegangen ist.

ANTOINETTE Man könnte? Vielleicht — wenn man einen
Schatten von Recht dazu hätte.

NEUHOFF Man nimmt das Recht dazu aus dem Moment. Sie
sind eine Frau, eine wirkliche, entzückende Frau. Sie
gehören keinem und jedem! Nein: Sie haben noch keinem
gehört, Sie warten noch immer.

ANTOINETTE (*mit einem kleinen nervösen Lachen*) Nicht auf Sie!

NEUHOFF Ja, genau auf mich, das heißt auf den Mann, den Sie
noch nicht kennen, auf den wirklichen Mann, auf Ritter-
lichkeit, auf Güte, die in der Kraft wurzelt. Denn die Karis
haben Sie nur malträtiert, betrogen vom ersten bis zum
letzten Augenblick, diese Sorte von Menschen ohne Güte,
ohne Kern, ohne Nerv, ohne Loyalität! Diese Schmarotzer,
denen ein Wesen wie Sie immer wieder und wieder in die
Schlinge fällt, ungelohnt, unbedankt, unbeglückt, erniedrigt
in ihrer zartesten Weiblichkeit! (*Will ihre Hand ergreifen*)

ANTOINETTE Wie Sie sich echauffieren! Aber vor Ihnen bin
ich sicher, Ihr kalter, wollender Verstand hebt ja den Kopf
aus jedem Wort, das Sie reden. Ich hab' nicht einmal Angst
vor Ihnen. Ich will Sie nicht!

NEUHOFF Mein Verstand, ich hass' ihn ja! Ich will ja erlöst
sein von ihm, mich verlangt ja nichts anderes, als ihn bei
Ihnen zu verlieren, süße kleine Antoinette! (*Er will ihre
Hand nehmen*)

*Hechingen wird oben sichtbar, tritt aber gleich wieder zurück.
Neuhoff hat ihn gesehen, nimmt ihre Hand nicht, ändert die Stellung
und den Gesichtsausdruck.*

ANTOINETTE Ah, jetzt hab' ich Sie durch und durch gesehen!
Wie sich das jäh verändern kann in Ihrem Gesicht! Ich will
Ihnen sagen, was jetzt passiert ist: jetzt ist oben die Helen
vorbeigegangen, und in diesem Augenblick hab' ich in
Ihnen lesen können wie in einem offenen Buch. Dépit und
Ohnmacht, Zorn, Scham, und die Lust, mich zu kriegen —
faute de mieux — das alles war zugleich darin. Die Edine
schimpft mit mir, daß ich komplizierte Bücher nicht lesen
kann. Aber das war recht kompliziert, und ich hab's doch
lesen können in einem Nu. Geben Sie sich keine Müh' mit
mir. Ich mag nicht!

NEUHOFF *(beugt sich zu ihr)* Du sollst wollen!

ANTOINETTE *(steht auf)* Oho! Ich mag nicht! Ich mag nicht!
Denn das, was da aus Ihren Augen hervorwill und mich in
seine Gewalt kriegen will, aber nur will! — kann sein, daß
das sehr männlich ist — aber ich mag's nicht. Und wenn das
euer Bestes ist, so hat jede einzelne von uns, und wäre sie
die Gewöhnlichste, etwas in sich, das besser ist als euer
Bestes, und das gefeit ist gegen euer Bestes durch ein bisserl
eine Angst. Aber keine solche Angst, die einen schwindlig
macht, sondern eine ganz nüchterne, ganz prosaische. *(Sie
geht gegen die Treppe, bleibt noch einmal stehen)* Verstehen
Sie mich? Bin ich ganz deutlich? Ich fürcht' mich vor
Ihnen, aber nicht genug, das ist Ihr Pech. Adieu, Baron
Neuhoff.

Neuhoff ist schnell nach dem Wintergarten abgegangen.

FÜNFTE SZENE

*Hechingen tritt oben herein, er kommt sehr schnell die Treppe
herunter. Antoinette ist betroffen und tritt zurück.*

HECHINGEN Toinette!

ANTOINETTE *(unwillkürlich)* Auch das noch!

HECHINGEN Wie sagst du?

ANTOINETTE Ich bin überrascht — das mußt du doch begreifen.

HECHINGEN Und ich bin glücklich. Ich danke meinem Gott, ich danke meiner Chance, ich danke diesem Augenblick!

ANTOINETTE Du siehst ein bissel verändert aus. Dein Ausdruck ist anders, ich weiß nicht, woran es liegt. Bist du nicht ganz wohl?

HECHINGEN Liegt es nicht daran, daß diese schwarzen Augen mich lange nicht angeschaut haben?

ANTOINETTE Aber es ist ja nicht so lang her, daß man sich gesehen hat.

HECHINGEN Sehen und Anschaun ist zweierlei, Toinette. (*Er ist ihr näher gekommen. Antoinette tritt zurück*) Vielleicht aber ist es etwas anderes, das mich verändert hat, wenn ich die Unbescheidenheit haben darf, von mir zu sprechen.

ANTOINETTE Was denn? Ist etwas passiert? Interessierst du dich für wen?

HECHINGEN Deinen Charme, deinen Stolz im Spiel zu sehen, die ganze Frau, die man liebt, plötzlich vor sich zu sehen, sie leben zu sehen!

ANTOINETTE Ah, von mir ist die Rede!

HECHINGEN Ja, von dir. Ich war so glücklich, dich einmal so zu sehen wie du bist, denn da hab' ich dich einmal nicht intimidiert. O meine Gedanken, wie ich da oben gestanden bin! Diese Frau begehrt von allen und allen sich versagend! Mein Schicksal, dein Schicksal, denn es ist unser beider Schicksal! Setz dich zu mir! (*Er hat sich gesetzt, streckt die Hand nach ihr aus*)

ANTOINETTE Man kann so gut im Stehen miteinander reden, wenn man so alte Bekannte ist.

HECHINGEN (*ist wieder aufgestanden*) Ich hab' dich nicht gekannt. Ich hab' erst andere Augen bekommen müssen. Der zu dir kommt, ist ein andrer, ein Verwandelter.

ANTOINETTE Du hast so einen neuen Ton in deinen Reden. Wo hast du dir das angewöhnt?

HECHINGEN Der zu dir redet, das ist der, den du nicht kennst, Toinette, so wie er dich nicht gekannt hat! Und der sich nichts anderes wünscht, nichts anderes träumt, als von dir gekannt zu sein und dich zu kennen.

ANTOINETTE Ado, ich bitt' dich um alles, red nicht mit mir, als wenn ich eine Speisewagenbekanntschaft aus einem Schnellzug wäre.

HECHINGEN Mit der ich fahren möchte, fahren bis ans Ende der Welt! (*Will ihre Hand küssen, sie entzieht sie ihm*)

ANTOINETTE Ich bitt' dich, merk doch, daß mich das crispiert. Ein altes Ehepaar hat doch einen Ton miteinander. Den wechselt man doch nicht, das ist ja zum Schwindligwerden.

HECHINGEN Ich weiß nichts von einem alten Ehepaar, ich weiß nichts von unserer Situation.

ANTOINETTE Aber das ist doch eine gegebene Situation.

HECHINGEN Gegeben? Das alles gibt's ja gar nicht. Hier bist du und ich, und alles fängt wieder vom Frischen an.

ANTOINETTE Aber nein, gar nichts fängt vom Frischen an.

HECHINGEN Das ganze Leben ist ein ewiges Wiederanfangen.

ANTOINETTE Nein, nein, ich bitt' dich um alles, bleib doch in deinem alten Genre. Ich kann's sonst nicht aushalten. Sei mir nicht bös, ich hab' ein bissel Migräne, ich hab' schon früher nach Haus fahren wollen, bevor ich gewußt hab', daß ich dich — ich hab' doch nicht wissen können!

HECHINGEN Du hast nicht wissen können, wer der sein wird, der vor dich hintreten wird, und daß es nicht dein Mann ist, sondern ein neuer enflammierter Verehrer, enflammiert wie ein Bub von zwanzig Jahren! Das verwirrt dich, das macht dich taumeln. (*Will ihre Hand nehmen*)

ANTOINETTE Nein, es macht mich gar nicht taumeln, es macht mich ganz nüchtern. So terre à terre macht's mich, alles kommt mir so armselig vor und ich mir selbst. Ich hab' heut' einen unglücklichen Abend, bitte, tu mir einen einzigen Gefallen, laß mich nach Haus fahren.

HECHINGEN Oh, Antoinette!

ANTOINETTE Das heißt, wenn du mir etwas Bestimmtes hast sagen wollen, so sag's mir, ich werd's sehr gern anhören, aber ich bitt' dich um eins! Sag's ganz in deinem gewöhnlichen Ton, so wie immer. (*Hechingen, betrübt und ernüchtert, schweigt*) So sag doch, was du mir hast sagen wollen.

HECHINGEN Ich bin betroffen zu sehen, daß meine Gegenwart *affected* dich einerseits zu überraschen, anderseits zu belasten scheint. Ich durfte mich der Hoffnung hingeben, daß ein lieber Freund Gelegenheit genommen haben würde, dir von mir, von meinen unwandelbaren Gefühlen für dich zu sprechen. Ich habe mir zurechtgelegt, daß auf dieser Basis eine improvisierte Aussprache zwischen uns möglicherweise eine veränderte Situation schon vorfindet oder wenigstens schaffen würde können. — Ich würde dich bitten, nicht zu übersehen, daß du mir die Gelegenheit, dir von meinem eigenen Innern zu sprechen, bisher nicht gewährt hast — ich fasse mein Verhältnis zu dir so auf, Antoinette — langweil' ich dich sehr?

ANTOINETTE Aber ich bitt' dich, sprich doch weiter. Du hast mir doch was sagen wollen. Anders kann ich mir dein Herkommen nicht erklären.

HECHINGEN Ich fass' unser Verhältnis als ein solches auf, das nur mich, nur mich, Antoinette, bindet, das mir, nur mir eine Prüfungszeit auferlegt, deren Dauer du zu bestimmen hast.

ANTOINETTE Aber wozu soll denn das sein, wohin soll denn das führen?

HECHINGEN Wende ich mich freilich zu meinem eigenen Innern, Toinette —

ANTOINETTE Bitte, was ist, wenn du dich da wendest? (*Sie greift sich an die Schläfe*)

HECHINGEN — so bedarf es allerdings keiner langen Prüfung. Immer und immer werde ich der Welt gegenüber versuchen, mich auf deinen Standpunkt zu stellen, werde immer wieder der Verteidiger deines Charmes und deiner Freiheit

Champion

sein. Und wenn man mir bewußt Entstellungen entgegen-
wirft, so werde ich triumphierend auf das vor wenigen
Minuten hier Erlebte verweisen, auf den sprechenden Be-
weis, wie sehr es dir gegeben ist, die Männer, die dich begehren und bedrängen, in ihren Schranken zu halten.

ANTOINETTE (*nervös*) Was denn?

HECHINGEN Du wirst viel begehrt. Dein Typus ist die grande
dame des achtzehnten Jahrhunderts. Ich vermag in keiner
Weise etwas Beklagenswertes daran zu erblicken. Nicht die
Tatsache muß gewertet werden, sondern die Nuance. Ich
lege Gewicht darauf, klarzustellen, daß, wie immer du
handelst, deine Absichten für mich über jeden Zweifel
erhaben sind.

ANTOINETTE (*dem Weinen nah*) Mein lieber Ado, du meinst es
sehr gut, aber meine Migräne wird stärker mit jedem Wort,
was du sagst.

HECHINGEN Oh, das tut mir sehr leid. Um so mehr, als diese
Augenblicke für mich unendlich kostbar sind.

ANTOINETTE Bitte, hab die Güte — (*Sie taumelt*)

HECHINGEN Ich versteh'. Ein Auto?

ANTOINETTE Ja. Die Edine hat mir erlaubt, ihres zu nehmen.

HECHINGEN Sofort. (*Geht und gibt den Befehl. Kommt zurück
mit ihrem Mantel. Indem er ihr hilft*) Ist das alles, was ich für
dich tun kann?

ANTOINETTE Ja, alles.

KAMMERDIENER (*an der Glastür, meldet*) Das Auto für die Frau
Gräfin.

Antoinette geht sehr schnell ab. Hechingen will ihr nach, hält sich.

SECHSTE SZENE

STANI (*von rückwärts aus dem Wintergarten. Er scheint jemand zu
suchen*) Ah, du bist's, hast du meine Mutter nicht gesehen?

HECHINGEN Nein, ich war nicht in den Salons. Ich hab' soeben

meine Frau an ihr Auto begleitet. Es war eine Situation
ohne Beispiel.

STANI (*mit seiner eigenen Sache beschäftigt*) Ich begreif' nicht.
Die Mamu bestellt mich zuerst in den Wintergarten, dann
läßt sie mir sagen, hier an der Stiege auf sie zu warten —

HECHINGEN Ich muß mich jetzt unbedingt mit dem Kari aussprechen.

STANI Da mußt du halt fortgehen und ihn suchen.

HECHINGEN Mein Instinkt sagt mir, er ist nur fortgegangen,
um mich im Klub aufzusuchen, und wird wiederkommen.
(*Geht nach oben*)

STANI Ja, wenn man so einen Instinkt hat, der einem alles
sagt! Ah, da ist ja die Mamu!

SIEBENTE SZENE

CRESCENCE (*kommt unten von links seitwärts der Treppe heraus*)
Ich komm' über die Dienerstiegen, diese Diener machen
nichts als Mißverständnisse. Zuerst sagt er mir, du bittest
mich, in den Wintergarten zu kommen, dann sagt er in der
Galerie —

STANI Mamu, das ist ein Abend, wo man aus den Konfusionen
überhaupt nicht herauskommt. Ich bin wirklich auf dem
Punkt gestanden, wenn es nicht wegen Ihr gewesen wäre,
stante pede nach Haus zu fahren, eine Dusche zu nehmen
und mich ins Bett zu legen. Ich vertrag' viel, aber eine
schiefe Situation, das ist mir etwas so Odioses, das zerrt
direkt an meinen Nerven. Ich muß vielmals bitten, mich
doch jetzt au courant zu setzen.

CRESCENCE Ja, ich begreif' doch gar nicht, daß der Onkel
Kari hat weggehen können, ohne mir auch nur einen
Wink zu geben. Das ist eine von seinen Zerstreutheiten,
ich bin ja desperat, mein guter Bub.

STANI Bitte mir doch die Situation etwas zu erklären. Bitte
mir nur in großen Linien zu sagen, was vorgefallen ist.

CRESCENCE Aber alles ist ja genau nach dem Programm gegangen. Zuerst hat der Onkel Kari mit der Antoinette ein
sehr agitiertes Gespräch geführt —

STANI Das war schon der erste Fehler. Das hab' ich ja gewußt,
das war eben zu kompliziert. Ich bitte mir also weiter
zu sagen!

CRESCENCE Was soll ich Ihm denn weiter sagen? Die Antoinette stürzt an mir vorbei, ganz bouleversiert, unmittel-
bar darauf setzt sich der Onkel Kari mit der Helen —

STANI Es ist eben zu kompliziert, zwei solche Konversationen
an einem Abend durchzuführen. Und der Onkel Kari —

CRESCENCE Das Gespräch mit der Helen geht ins Endlose, ich
komm' an die Tür — die Helen fällt mir in die Arme, ich
bin selig, sie lauft weg, ganz verschämt, wie sich's gehört,
ich stürz' ans Telephon und zitier' dich her!

STANI Ja, ich bitte, das weiß ich ja, aber ich bitte, mir aufzuklären, was denn hier vorgegangen ist!

CRESCENCE Ich stürz' im Flug durch die Zimmer, such' den
Kari, find' ihn nicht. Ich muß zurück zu der Partie, du
kannst dir denken, wie ich gespielt hab'. Die Mariette
Stradonitz invitiert auf Herz, ich spiel' Karo, dazwischen
bet' ich die ganze Zeit zu die vierzehn Nothelfer. Gleich
darauf mach' ich Renonce in Pik. Endlich kann ich aufstehen, ich such' den Kari wieder, ich find' ihn nicht! Ich
geh' durch die finstern Zimmer bis an der Helen ihre Tür,
ich hör' sie drin weinen. Ich klopf' an, sag' meinen Namen,
sie gibt mir keine Antwort. Ich schleich' mich wieder
zurück zur Partie, die Mariette fragt mich dreimal, ob mir
schlecht ist, der Louis Castaldo schaut mich an, als ob ich ein
Gespenst wär'. — *Spielt*

STANI Ich versteh' alles.

CRESCENCE Ja, was, ich versteh' ja gar nichts.

STANI Alles, alles. Die ganze Sache ist mir klar.

CRESCENCE Ja, wie sieht Er denn das?

STANI Klar wie 's Einmaleins. Die Antoinette in ihrer Ver-

zweiflung hat einen Tratsch gemacht, sie hat aus dem Gespräch mit dem Onkel Kari entnommen, daß ich für sie
verloren bin. Eine Frau, wenn sie in Verzweiflung ist,
verliert ja total ihre Tenue; sie hat sich dann an die Helene
heranfaufiliert und hat einen solchen Mordstratsch gemacht, daß die Helen mit ihrem fumo und ihrer pyramidalen
Empfindlichkeit beschlossen hat, auf mich zu verzichten,
und wenn ihr das Herz brechen sollte.

CRESCENCE Und deswegen hat sie mir die Tür nicht aufge-
macht!

STANI Und der Onkel Kari, wie er gespürt hat, was er ange-
richtet hat, hat sich sofort aus dem Staub gemacht.

CRESCENCE Ja, dann steht die Sache doch sehr fatal! Ja, mein
guter Bub, was sagst du denn da?

STANI Meine gute Mamu, da sag' ich nur eins, und das ist das
einzige, was ein Mann von Niveau sich in jeder schiefen
Situation zu sagen hat: man bleibt, was man ist, daran kann
eine gute oder eine schlechte Chance nichts ändern.

CRESCENCE Er ist ein lieber Bub, und ich adorier' Ihn für
Seine Haltung, aber deswegen darf man die Flinten noch
nicht ins Korn werfen!

STANI Ich bitte um alles, mir eine schiefe Situation zu ersparen.

CRESCENCE Für einen Menschen mit Seiner Tenue gibt's
keine schiefe Situation. Ich such' jetzt die Helen und werd'
sie fragen, was zwischen jetzt und dreiviertel zehn passiert
ist.

STANI Ich bitt' inständig —

CRESCENCE Aber mein Bub, Er ist mir tausendmal zu gut, als
daß ich Ihn wollt' einer Familie oktroyieren und wenn's die
vom Kaiser von China wär'. Aber anderseits ist mir doch
auch die Helen zu lieb, als daß ich ihr Glück einem Tratsch
von einer eifersüchtigen Gans, wie die Antoinette ist, auf-
opfern wollte. Also tu' Er mir den Gefallen und bleib' Er
da und begleit' Er mich dann nach Haus, Er sieht doch, wie
ich agitiert bin. (*Sie geht die Treppe hinauf, Stani folgt ihr*)

ACHTE SZENE

Helene ist durch die unsichtbare Tür links herausgetreten, im Mantel, wie zum Fortgehen. Sie wartet, bis Crescence und Stani sie nicht mehr sehen können. Gleichzeitig ist Hans Karl durch die Glastür rechts sichtbar geworden; er legt Hut, Stock und Mantel ab und erscheint. Helene hat Hans Karl gesehen, bevor er sie erblickt hat. Ihr Gesicht verändert sich in einem Augenblick vollständig. Sie läßt ihren Abendmantel von den Schultern fallen, und dieser bleibt hinter der Treppe liegen, dann tritt sie Hans Karl entgegen.

HANS KARL *(betroffen)* Helen, Sie sind noch hier?

HELENE *(hier und weiter in einer ganz festen, entschiedenen Haltung und in einem leichten, fast überlegenen Ton)* Ich bin hier zu Haus.

HANS KARL Sie sehen anders aus als sonst. Es ist etwas geschehen!

HELENE Ja, es ist etwas geschehen.

HANS KARL Wann, so plötzlich?

HELENE Vor einer Stunde, glaub' ich.

HANS KARL *(unsicher)* Etwas Unangenehmes?

HELENE Wie?

HANS KARL Etwas Aufregendes? upsetting

HELENE Ah ja, das schon.

HANS KARL Etwas Irreparables?

HELENE Das wird sich zeigen. Schauen Sie, was dort liegt.

HANS KARL Dort? Ein Pelz. Ein Damenmantel scheint mir.

HELENE Ja, mein Mantel liegt da. Ich hab' ausgehen wollen.

HANS KARL Ausgehen?

HELENE Ja, den Grund davon werd' ich Ihnen auch dann sagen. Aber zuerst werden Sie mir sagen, warum Sie zurückgekommen sind. Das ist keine ganz gewöhnliche Manier.

HANS KARL *(zögernd)* Es macht mich immer ein bisserl verlegen, wenn man mich so direkt was fragt.

HELENE Ja, ich frag' Sie direkt.

HANS KARL Ich kann's gar nicht leicht explizieren.

HELENE Wir können uns setzen. (*Sie setzen sich*)

HANS KARL Ich hab' früher in unserer Konversation — da oben, in dem kleinen Salon —

HELENE Ah, da oben in dem kleinen Salon.

HANS KARL (*unsicher durch ihren Ton*) Ja, freilich, in dem kleinen Salon. Ich hab' da einen großen Fehler gemacht, einen sehr großen.

HELENE Ah?

HANS KARL Ich hab' etwas Vergangenes zitiert.

HELENE Etwas Vergangenes?

HANS KARL Gewisse ungereimte, rein persönliche Sachen, die in mir vorgegangen sind, wie ich im Feld draußen war, und später im Spital. Rein persönliche Einbildungen, Halluzinationen, sozusagen. Lauter Dinge, die absolut nicht dazu gehört haben.

HELENE Ja, ich versteh' Sie. Und?

HANS KARL Da hab' ich unrecht getan.

HELENE Inwiefern?

HANS KARL Man kann das Vergangene nicht herzitieren, wie die Polizei einen vor das Kommissariat zitiert. Das Vergangene ist vergangen. Niemand hat das Recht, es in eine Konversation, die sich auf die Gegenwart bezieht, einzuflechten. Ich drück' mich elend aus, aber meine Gedanken darüber sind mir ganz klar.

HELENE Das hoff' ich.

HANS KARL Es hat mich höchst unangenehm berührt in der Erinnerung, sobald ich allein mit mir selbst war, daß ich in meinem Alter mich so wenig in der Hand hab' — und ich bin wiedergekommen, um Ihnen Ihre volle Freiheit, pardon, das Wort ist mir ganz ungeschickt über die Lippen gekommen — um Ihnen Ihre volle Unbefangenheit zurückzugeben.

HELENE Meine Unbefangenheit — mir wiedergeben?

Hans Karl, unsicher, will aufstehen.

HELENE *(bleibt sitzen)* Also das haben Sie mir sagen wollen —
über Ihr Fortgehen früher?

HANS KARL Ja, über mein Fortgehen und natürlich auch über
mein Wiederkommen. Eines motiviert ja das andere.

HELENE Aha. Ich dank' Ihnen sehr. Und jetzt werd' ich
Ihnen sagen, warum Sie wiedergekommen sind

HANS KARL Sie mir?

HELENE *(mit einem vollen Blick auf ihn)* Sie sind wiedergekommen, weil — ja! es gibt das! gelobt sei Gott im Himmel!
(Sie lacht) Aber es ist vielleicht schade, daß Sie wiedergekommen sind. Denn hier ist vielleicht nicht der rechte Ort,
das zu sagen, was gesagt werden muß — vielleicht hätte
das — aber jetzt muß es halt hier gesagt werden.

HANS KARL O mein Gott, Sie finden mich unbegreiflich.
Sagen Sie es heraus!

HELENE Ich verstehe alles sehr gut. Ich versteh', was Sie
fortgetrieben hat, und was Sie wieder zurückgebracht
hat.

HANS KARL Sie verstehen alles? Ich versteh' ja selbst nicht.

HELENE Wir können noch leiser reden, wenn's Ihnen recht ist.
Was Sie hier hinausgetrieben hat, das war Ihr Mißtrauen,
Ihre Furcht vor Ihrem eigenen Selbst — sind Sie bös?

HANS KARL Vor meinem Selbst?

HELENE Vor Ihrem eigentlichen tieferen Willen. Ja, der ist
unbequem, der führt einen nicht den angenehmsten Weg.
Er hat Sie eben hierher zurückgeführt.

HANS KARL Ich versteh' Sie nicht, Helen!

HELENE *(ohne ihn anzusehen)* Hart sind nicht solche Abschiede
für Sie, aber hart ist manchmal, was dann in Ihnen vorgeht,
wenn Sie mit sich allein sind.

HANS KARL Sie wissen das alles?

HELENE Weil ich das alles weiß, darum hätt' ich ja die Kraft
gehabt und hätte für Sie das Unmögliche getan.

HANS KARL Was hätten Sie Unmögliches für mich getan?

HELENE Ich wär' Ihnen nachgegangen.

HANS KARL Wie denn 'nachgegangen'? Wie meinen Sie das?

HELENE Hier bei der Tür auf die Gasse hinaus. Ich hab' Ihnen doch meinen Mantel gezeigt, der dort hinten liegt.

HANS KARL Sie wären mir —? Ja, wohin?

HELENE Ins Kasino oder anderswo — was weiß ich, bis ich Sie halt gefunden hätte.

HANS KARL Sie wären mir, Helen —? Sie hätten mich gesucht? Ohne zu denken, ob —?

HELENE Ja, ohne an irgend etwas sonst zu denken. Ich geh' dir nach — Ich will, daß du mich —

HANS KARL (mit unsicherer Stimme) Sie, du, du willst? (Für sich) Da sind wieder diese unmöglichen Tränen! (Zu ihr) Ich hör' Sie schlecht. Sie sprechen so leise.

HELENE Sie hören mich ganz gut. Und da sind auch Tränen — aber die helfen mir sogar eher, um das zu sagen —

HANS KARL Du — Sie haben etwas gesagt?

HELENE Dein Wille, dein Selbst; versteh mich. Er hat dich umgedreht, wie du allein warst, und dich zu mir zurückgeführt. Und jetzt —

HANS KARL Jetzt?

HELENE Jetzt weiß ich zwar nicht, ob du jemand wahrhaft liebhaben kannst — aber ich bin in dich verliebt, und ich will — aber das ist doch eine Enormität, daß Sie mich das sagen lassen!

HANS KARL (zitternd) Sie wollen von mir —

HELENE (mit keinem festeren Ton als er) Von deinem Leben, von deiner Seele, von allem — meinen Teil! (Eine kleine Pause)

HANS KARL Helen, alles, was Sie da sagen, perturbiert mich in der maßlosesten Weise um Ihretwillen, Helen, natürlich um Ihretwillen! Sie irren sich in bezug auf mich, ich hab' einen unmöglichen Charakter.

HELENE Sie sind, wie Sie sind, und ich will kennen, wie Sie sind.

HANS KARL Es ist so eine namenlose Gefahr für Sie. (*Helene schüttelt den Kopf*) Ich bin ein Mensch, der nichts als Mißverständnisse auf dem Gewissen hat.

HELENE (*lächelnd*) Ja, das scheint.

HANS KARL Ich hab' so vielen Frauen weh getan.

HELENE Die Liebe ist nicht süßlich.

HANS KARL Ich bin ein maßloser Egoist.

HELENE Ja? Ich glaub' nicht.

HANS KARL Ich bin so unstet, nichts kann mich fesseln.

HELENE Ja, Sie können — wie sagt man das? — verführt werden und verführen. Alle haben Sie sie wahrhaft geliebt und alle wieder im Stich lassen. Die armen Frauen! Sie haben halt nicht die Kraft gehabt für euch beide.

HANS KARL Wie?

HELENE Begehren ist Ihre Natur. Aber nicht: das — oder das — sondern von einem Wesen: alles — für immer! Es hätte eine die Kraft haben müssen, Sie zu zwingen, daß Sie von ihr immer mehr und mehr begehrt hätten. Bei der wären Sie dann geblieben.

HANS KARL Wie du mich kennst!

HELENE Nach einer ganz kurzen Zeit waren sie dir alle gleichgültig, und du hast ein rasendes Mitleid gehabt, aber keine große Freundschaft für keine: das war mein Trost.

HANS KARL Wie du alles weißt!

HELENE Nur darin hab' ich existiert. Das allein hab' ich verstanden.

HANS KARL Da muß ich mich ja vor dir schämen.

HELENE Schäm' ich mich denn vor dir? Ah nein. Die Liebe schneidet ins lebendige Fleisch.

HANS KARL Alles hast du gewußt und ertragen —

HELENE Ich hätt' nicht den kleinen Finger gerührt, um eine solche Frau von dir wegzubringen. Es wär' mir nicht dafür gestanden.

HANS KARL Was ist das für ein Zauber, der in dir ist. Gar nicht wie die andern Frauen. Du machst einen so ruhig in einem selber.

HELENE Du kannst freilich die Freundschaft nicht fassen, die ich für dich hab'. Dazu wird eine lange Zeit nötig sein — wenn du mir die geben kannst.

HANS KARL Wie du das sagst!

HELENE Jetzt geh, damit dich niemand sieht. Und komm bald wieder. Komm morgen, am frühen Nachmittag. Die Leut' geht's nichts an, aber der Papa soll's schnell wissen. — Der Papa soll's wissen, — der schon! Oder nicht, wie?

HANS KARL (verlegen) Es ist das — mein guter Freund Poldo Altenwyl hat seit Tagen eine Angelegenheit, einen Wunsch — den er mir oktroyieren will: er wünscht, daß ich, sehr überflüssigerweise, im Herrenhaus das Wort ergreife —

HELENE Aha —

HANS KARL Und da geh' ich ihm seit Wochen mit der größten Vorsicht aus dem Weg — vermeide, mit ihm allein zu sein — im Kasino, auf der Gasse, wo immer —

HELENE Sei ruhig — es wird nur von der Hauptsache die Rede sein — dafür garantier' ich. — Es kommt schon jemand: ich muß fort.

HANS KARL Helen!

HELENE (schon im Gehen, bleibt nochmals stehen) Du! Leb wohl! (Nimmt den Mantel auf und verschwindet durch die kleine Tür links)

NEUNTE SZENE

CRESCENCE (oben auf der Treppe) Kari! (Kommt schnell die Stiege herunter. Hans Karl steht mit dem Rücken gegen die Stiege) Kari! Find' ich Ihn endlich! Das ist ja eine Konfusion ohne Ende! (Sie sieht sein Gesicht) Kari! es ist was passiert! Sag mir, was?

HANS KARL Es ist mir was passiert, aber wir wollen es gar nicht zergliedern.

CRESCENCE Bitte! aber du wirst mir doch erklären —

ZEHNTE SZENE

HECHINGEN (*kommt von oben herab, bleibt stehen, ruft Hans Karl halblaut zu*) Kari, wenn ich dich auf eine Sekunde bitten dürfte!

HANS KARL Ich steh' zur Verfügung. (*Zu Crescence*) Entschuldig' Sie mich wirklich.

Stani kommt gleichfalls von oben.

CRESCENCE (*zu Hans Karl*) Aber der Bub! Was soll ich denn dem Buben sagen? Der Bub ist doch in einer schiefen Situation!

STANI (*kommt herunter, zu Hechingen*) Pardon, jetzt einen Moment muß unbedingt ich den Onkel Kari sprechen! (*Grüßt Hans Karl*)

HANS KARL Verzeih mir einen Moment, lieber Ado! (*Läßt Hechingen stehen, tritt zu Crescence*) Komm' Sie daher, aber allein: ich will Ihr was sagen. Aber wir wollen es in keiner Weise bereden.

CRESCENCE Aber ich bin doch keine indiskrete Person!

HANS KARL Du bist eine engelsgute Frau. Also hör zu! Die Helen hat sich verlobt.

CRESCENCE Sie hat sich verlobt mit'm Stani? Sie will ihn?

HANS KARL Wart noch! So hab doch nicht gleich die Tränen in den Augen, du weißt ja noch nicht.

CRESCENCE Es ist Er, Kari, über den ich so gerührt bin. Der Bub verdankt Ihm ja alles!

HANS KARL Wart' Sie, Crescence! — Nicht mit dem Stani!

CRESCENCE Nicht mit dem Stani? Ja, mit wem denn?

HANS KARL (*mit großer Gene*) Gratulier' Sie mir!

CRESCENCE Dir?

HANS KARL Aber tret' Sie dann gleich weg und misch' Sie's nicht in die Konversation. Sie hat sich — ich hab' mich — wir haben uns miteinander verlobt.

CRESCENCE Du hast dich! Ja, da bin ich ja selig!

HANS KARL Ich bitte Sie, jetzt vor allem zu bedenken, daß Sie mir versprochen hat, mir diese odiosen Konfusionen zu ersparen, denen sich ein Mensch aussetzt, der sich unter die Leut' mischt.

CRESCENCE Ich werd' gewiß nichts tun —

Blick nach Stani.

HANS KARL Ich hab' Ihr gesagt, daß ich nichts erklären werd', niemandem, und daß ich bitten muß, mir die gewissen Mißverständnisse zu ersparen!

CRESCENCE Werd' Er mir nur nicht stutzig! Das Gesicht hat Er als kleiner Bub gehabt, wenn man Ihn konterkariert hat. Das hab' ich schon damals nicht sehen können! Ich will ja alles tun, wie Er will.

HANS KARL Sie ist die beste Frau von der Welt, und jetzt entschuldig' Sie mich, der Ado hat das Bedürfnis, mit mir eine Konversation zu haben — die muß also jetzt in Gottes Namen absolviert werden. (*Küßt ihr die Hand*)

CRESCENCE Ich wart' noch auf Ihn!

Crescence, mit Stani, treten zur Seite, entfernt, aber dann und wann sichtbar.

ELFTE SZENE

HECHINGEN Du siehst mich so streng an! Es ist ein Vorwurf in deinem Blick!

HANS KARL Aber gar nicht: ich bitt' um alles, wenigstens heute meine Blicke nicht auf die Goldwaage zu legen.

HECHINGEN Es ist etwas vorgefallen, was deine Meinung von mir geändert hat? oder deine Meinung von meiner Situation?

HANS KARL (*in Gedanken verloren*) Von deiner Situation?

HECHINGEN Von meiner Situation gegenüber Antoinette natürlich! Darf ich dich fragen, wie du über meine Frau denkst?

HANS KARL (*nervös*) Ich bitt' um Vergebung, aber ich möchte heute nichts über Frauen sprechen. Man kann nicht analysieren, ohne in die odiosesten Mißverständnisse zu verfallen. Also ich bitt' mir's zu erlassen!

HECHINGEN Ich verstehe. Ich begreife vollkommen. Aus allem, was du da sagst oder vielmehr in der zartesten Weise andeutest, bleibt für mich doch nur der einzige Schluß zu ziehen: daß du meine Situation für aussichtslos ansiehst.

ZWÖLFTE SZENE

Hans Karl sagt nichts, sieht verstört nach rechts. Vinzenz ist von rechts eingetreten, im gleichen Anzug wie im ersten Akt, einen kleinen runden Hut in der Hand. Crescence ist auf Vinzenz zugetreten.

HECHINGEN (*sehr betroffen durch Hans Karls Schweigen*) Das ist der kritische Moment meines Lebens, den ich habe kommen sehen. Jetzt brauche ich deinen Beistand, mein guter Kari, wenn mir nicht die ganze Welt ins Wanken kommen soll.

HANS KARL Aber mein guter Ado — (*Für sich, auf Vinzenz hinübersehend*) Was ist denn das?

HECHINGEN Ich will, wenn du es erlaubst, die Voraussetzungen rekapitulieren, die mich haben hoffen lassen —

HANS KARL Entschuldige mich für eine Sekunde, ich sehe, da ist irgendwelche Konfusion passiert. (*Er geht hinüber zu Crescence und Vinzenz*)

Hechingen bleibt allein stehen. Stani ist seitwärts zurückgetreten, mit einigen Zeichen von Ungeduld,

CRESCENCE (*zu Hans Karl*) Jetzt sagt er mir: du reist ab, morgen in aller Früh — ja was bedeutet denn das?

HANS KARL Was sagt er? Ich habe nicht befohlen —

CRESCENCE Kari, mit dir kommt man nicht heraus aus dem Wiegel-Wagel. Jetzt hab' ich mich doch in diese Verlobungsstimmung hineingedacht!

HANS KARL Darf ich bitten —

CRESCENCE Mein Gott, es ist mir ja nur so herausgerutscht! *slipped out*

HANS KARL (*zu Vinzenz*) Wer hat Sie hergeschickt? Was soll es?

VINZENZ Euer Erlaucht haben doch selbst Befehl gegeben, vor einer halben Stunde im Telephon.

HANS KARL Ihnen? Ihnen hab' ich gar nichts befohlen.

VINZENZ Der Portierin haben Erlaucht befohlen, wegen Abreise morgen früh sieben Uhr aufs Jagdhaus nach Gebhardtskirchen — oder richtig gesagt, heut' früh, denn jetzt haben wir viertel eins.

CRESCENCE Aber Kari, was heißt denn das alles?

HANS KARL Wenn man mir erlassen möchte, über jeden Atemzug, den ich tu', Auskunft zu geben.

VINZENZ (*zu Crescence*) Das ist doch sehr einfach zu verstehen. Die Portierin ist nach oben gelaufen mit der Meldung, der Lukas war im Moment nicht auffindbar, also hab' ich die Sache in die Hand genommen. Chauffeur habe ich avisiert, Koffer hab' ich vom Boden holen lassen, Sekretär Neugebauer hab' ich auf alle Fälle aufwecken lassen, falls er gebraucht wird — was braucht er zu schlafen, wenn das ganze Haus auf ist? — und jetzt bin ich hier erschienen und stelle mich zur Verfügung, weitere Befehle entgegenzunehmen.

HANS KARL Gehen Sie sofort nach Haus, bestellen Sie das Auto ab, lassen Sie die Koffer wieder auspacken, bitten Sie den Herrn Neugebauer sich wieder schlafenzulegen, und machen Sie, daß ich Ihr Gesicht nicht wieder sehe! Sie sind nicht mehr in meinen Diensten, der Lukas ist vom übrigen unterrichtet. Treten Sie ab! *decisive*

VINZENZ Das ist mir eine sehr große Überraschung. (*Geht ab*)

DREIZEHNTE SZENE

CRESCENCE Aber so sag mir doch nur ein Wort! So erklär mir nur —

HANS KARL Da ist nichts zu erklären. Wie ich aus dem Kasino gegangen bin, war ich aus bestimmten Gründen vollkommen entschlossen, morgen früh abzureisen. Das war an der Ecke von der Freyung und der Herrengasse. Dort ist ein Café, in das bin ich hineingegangen und hab' von dort aus nach Haus telephoniert; dann, wie ich aus dem Kaffeehaus herausgetreten bin, da bin ich, anstatt wie meine Absicht war, über die Freyung abzubiegen — bin ich die Herrengasse heruntergegangen und wieder hier hereingetreten — und da hat sich die Helen — (*Er streicht sich über die Stirn*)

CRESCENCE Aber ich lass' Ihn ja schon. (*Sie geht zu Stani hinüber, der sich etwas im Hintergrund gesetzt hat*)

HANS KARL (*gibt sich einen Ruck und geht auf Hechingen zu, sehr herzlich*) Ich bitt' mir alles Vergangene zu verzeihen, ich hab' in allem und jedem unrecht und irrig gehandelt und bitt', mir meine Irrtümer alle zu verzeihen. Über den heutigen Abend kann ich im Detail keine Auskunft geben. Ich bitt', mir trotzdem ein gutes Andenken zu bewahren. (*Reicht ihm die Hand*)

HECHINGEN (*bestürzt*) Du sagst mir ja adieu, mein Guter! Du hast Tränen in den Augen. Aber ich versteh' dich ja, Kari. Du bist der wahre, gute Freund, unsereins ist halt nicht imstand', sich herauszuwursteln aus dem Schicksal, das die Gunst oder Nichtgunst der Frauen uns bereitet, du aber hast dich über diese ganze Atmosphäre ein für allemal hinausgehoben — (*Hans Karl winkt ihn ab*) Das kannst du nicht negieren, das ist dieses gewisse Etwas von Superiorität, das dich umgibt, und wie im Leben schließlich alles nur Vor- oder Rückschritte macht, nichts stehenbleibt, so ist halt um dich von Tag zu Tag immer mehr die Einsamkeit des superioren Menschen.

HANS KARL Das ist ja schon wieder ein kolossales Mißverständnis! (*Er sieht ängstlich nach rechts, wo in der Tür zum Wintergarten Altenwyl mit einem seiner Gäste sichtbar geworden ist*)

HECHINGEN Wie denn? Wie soll ich mir diese Worte erklären?

HANS KARL Mein guter Ado, bitt' mir im Moment diese
Erklärung und jede Erklärung zu erlassen. Ich bitt' dich,
gehen wir da hinüber, es kommt da etwas auf mich zu, dem
ich mich heute nicht mehr gewachsen fühle.

HECHINGEN Was denn, was denn?

HANS KARL Dort in der Tür, dort hinter mir!

HECHINGEN (*sieht hin*) Es ist doch nur unser Hausherr, der
Poldo Altenwyl —

HANS KARL — der diesen letzten Moment seiner Soiree für
den gegebenen Augenblick hält, um sich an mich in einer
gräßlichen Absicht heranzupirschen; denn für was geht man
denn auf eine Soiree, als daß einem jeder Mensch mit dem,
was ihm gerade wichtig erscheint, in der erbarmungslosesten
Weise über den Hals kommt!

HECHINGEN Ich begreif' nicht —

HANS KARL Daß ich in der übermorgigen Herrenhaussitzung
mein Debüt als Redner feiern soll. Diese charmante Mission hat er von unserm Klub übernommen, und weil ich
ihnen im Kasino und überall aus dem Weg geh', so lauert
er hier in seinem Haus auf die Sekunde, wo ich unbeschützt
dasteh'! Ich bitt' dich, sprich recht lebhaft mit mir, so ein
bissel agitiert, wie wenn wir etwas Wichtiges zu erledigen
hätten.

HECHINGEN Und du willst wieder refüsieren?

HANS KARL Ich soll aufstehen und eine Rede halten, über
Völkerversöhnung und über das Zusammenleben der
Nationen — ich, ein Mensch, der durchdrungen ist von einer
Sache auf der Welt: daß es unmöglich ist, den Mund aufzumachen, ohne die heillosesten Konfusionen anzurichten!
Aber lieber leg' ich doch die erbliche Mitgliedschaft nieder
und verkriech' mich zeitlebens in eine Uhuhütte. Ich sollte
einen Schwall von Worten in den Mund nehmen, von denen
mir jedes einzelne geradezu indezent erscheint!

HECHINGEN Das ist ein bisserl ein starker Ausdruck.

HANS KARL (*sehr heftig, ohne sehr laut zu sein*) Aber alles, was
man ausspricht, ist indezent. Das simple Faktum, daß man
etwas ausspricht, ist indezent. Und wenn man es genau
nimmt, mein guter Ado, aber die Menschen nehmen eben
nichts auf der Welt genau, liegt doch geradezu etwas
Unverschämtes darin, daß man sich heranwagt, gewisse
Dinge überhaupt zu erleben! Um gewisse Dinge zu erleben
und sich dabei nicht indezent zu finden, dazu gehört ja eine
so rasende Verliebtheit in sich selbst und ein Grad von Ver-
blendung, den man vielleicht als erwachsener Mensch im
innersten Winkel in sich tragen, aber niemals sich einge-
stehen kann! (*Sieht nach rechts*) Er ist weg. (*Will fort.
Altenwyl ist nicht mehr sichtbar*)

CRESCENCE (*tritt auf Kari zu*) So echappier' Er doch nicht!
Jetzt muß Er sich doch mit dem Stani über das Ganze aus-
sprechen. (*Hans Karl sieht sie an*) Aber Er wird doch den
Buben nicht so stehen lassen! Der Bub beweist ja in der
ganzen Sache eine Abnegation, eine Selbstüberwindung,
über die ich geradezu starr bin. Er wird ihm doch ein
Wort sagen. (*Sie winkt Stani, näherzutreten. Stani tritt einen
Schritt näher*)

HANS KARL Gut, auch das noch. Aber es ist die letzte Soiree,
auf der Sie mich erscheinen sieht. (*Zu Stani, indem er auf ihn
zutritt*) Es war verfehlt, mein lieber Stani, meiner Suada
etwas anzuvertrauen. (*Reicht ihm die Hand*)

CRESCENCE So umarm' Er doch den Buben! Der Bub hat
ja doch in dieser Geschichte eine Tenue bewiesen, die ohne-
gleichen ist. (*Hans Karl sieht vor sich hin, etwas abwesend*)
Ja, wenn Er ihn nicht umarmt, so muß doch ich den Buben
umarmen für seine Tenue.

HANS KARL Bitte das vielleicht zu tun, wenn ich fort bin.
(*Gewinnt schnell die Ausgangstür und ist verschwunden*)

VIERZEHNTE SZENE

CRESCENCE Also, das ist mir ganz egal, ich muß jemanden umarmen! Es ist doch heute zuviel vorgegangen, als daß eine Person mit Herz, wie ich, so mir nix dir nix nach Haus fahren und ins Bett gehen könnt'!

STANI (*tritt einen Schritt zurück*) Bitte, Mamu! nach meiner Idee gibt es zwei Kategorien von Demonstrationen. Die eine gehört ins strikteste Privatleben: dazu rechne ich alle Akte von Zärtlichkeit zwischen Blutsverwandten. Die andere hat sozusagen eine praktische und soziale Bedeutung: sie ist der pantomimische Ausdruck für eine außergewöhnliche, gewissermaßen familiengeschichtliche Situation.

CRESCENCE Ja, in der sind wir doch!

Altenwyl mit einigen Gästen ist oben herausgetreten und ist im Begriffe, die Stiege herunterzukommen.

STANI Und für diese gibt es seit tausend Jahren gewisse richtige und akzeptierte Formen. Was wir heute hier erlebt haben war tant bien que mal, wenn man 's Kind beim Namen nennt, eine Verlobung. Eine Verlobung kulminiert in der Umarmung des verlobten Paares. — In unserm Fall ist das verlobte Paar zu bizarr, um sich an diese Formen zu halten. Mamu, Sie ist die nächste Verwandte vom Onkel Kari, dort steht der Poldo Altenwyl, der Vater der Braut. Geh' Sie sans mot dire auf ihn zu und umarm' Sie ihn, und das Ganze wird sein richtiges, offizielles Gesicht bekommen.

Altenwyl ist mit einigen Gästen die Stiege heruntergekommen. Crescence eilt auf Altenwyl zu und umarmt ihn. Die Gäste stehen überrascht.

Vorhang.

NOTES

Words and phrases which may be found in a good German-English dictionary are not included here

ACT I

I, I

39 *Majoratsverwaltung*, administration of the family estate. A *Majoratsgut* is an estate inherited by primogeniture.
Spalettür, latticed door.

40 *bezweckt*, Vinzenz sounds a recurrent theme: that of *Absicht*. Twice in six speeches he asks, 'Was bezweckt er?' Twice he uses the word 'Absicht'. Lukas repeats the word wonderingly: no more than Hans Karl (or Helene) is he attuned to such calculating deliberation (which is implicitly presented as something characteristically modern). The contrast in attitudes and values is summed up in a remark by Helene in II, I: 'Ich find' auch alles, wo man eine Absicht merkt, die dahintersteckt, ein bißl vulgär.'
Konvenierendenfalls, if convenient (i.e. 'if everything suits *me*').
Spanponaden, tomfoolery; a Viennese dialect word recorded by F. S. Hügel (*Der Wiener Dialekt*, 1873) in the form 'Spampanad'n', meaning 'airs'.
Gewäsch, twaddle.
Herr Schätz, the name has overtones of 'Schatz' and 'schätzen', suggestive of the extent to which Lukas is affectionately depended on by Hans Karl.

I, 2

41 *Erlaucht melde untertänigst*, If it please your Lordship (literally, 'May I most respectfully announce...').
Hohenbühl, Hans Karl's family estate. Cf. Neugebauer's allusion to 'Schloß Hohenbühl' in I, 7.

42   *Kasino*, club. In this context, possibly an officers' club; Hans Karl and Hechingen have served together in the war.

    ich binde mich so ungern, Hans Karl's reluctance to 'tie himself down' even in a relatively trivial matter is symptomatic of his 'difficulty'. The image of 'Bindung' is a recurrent one in Hofmannsthal's works (see Introduction).

    draußen, in the field, at the front.

    ein bißl (also *ein bissel, ein bisserl*), Austrian and South German for 'ein bißchen'.

    Sei Er gut, the use of the third person singular as a mode of address (more formal than *du*, more intimate than *Sie*) was obsolescent by 1918; note that Stani, a member of the younger generation, uses it rarely.

43   *Wiegel-Wagel*, shilly-shallying.

    pour revenir à nos moutons, to return to the subject.

    halt, an emotive particle of imprecise meaning; it should be translated according to context. Possible renderings include 'simply', 'just', 'after all'.

44   *Gene*, embarrassment (French 'gêne'). Frequent use of words of French origin is a characteristic feature of Viennese German.

    grad, dialect spelling of 'gerade'.

    fixieren, Crescence's use of this verb (a variation on the motif of 'binden', 'fesseln', etc.) highlights the potential function of marriage, that of rescuing the 'adventurer' from his inconstancy.

    Er hat eine Lade am Schreibtisch herausgezogen, Hans Karl's action shows us that he is ill at ease; we are left to deduce whether he is disconcerted by Crescence's apparent misunderstanding of him, or by her talk of a possible marriage between him and Helene, or by her confidence (and gladness) that such a marriage will not take place. His continued opening and shutting of drawers as Crescence goes on to talk of Neuhoff suggests that, even at this early stage in the play, the last of these factors is the main cause of his irritation.

45   *wo sich die Wölf' gute Nacht sagen*, the phrase appears to have appealed to Hofmannsthal, for he used it again in *Der*

Unbestechliche (I, 4): '…irgendwo in den Waldkarpathen, wo sich die Wölfe gute Nacht sagen.'

45 *gut alliiert*, well connected.

Gotha, peerage (*Gothaisches genealogisches Taschenbuch der adeligen Häuser*).

Du bist aber sehr acharniert gegen den Menschen, you do have your knife into the man.

Es ist aber auch danach!, and with good reason!

sich auf einem wildfremden Menschen entêtiert, is determined to marry a complete stranger.

Suada, eloquence, (persuasive) volubility.

Du enervierst dich, you're becoming irritated.

46 *Er wird die größten Bassessen machen*, he will stoop to anything. Antoinette uses the phrase in a similar sense in II, 3 (p. 97).

47 *Seine Erlaucht würden…erscheinen*, this use of a plural verb after a title (a conventional form of courtesy) occurs frequently in the play: e.g. 'Das wissen doch Erlaucht' (I, 6), 'Herr Baron Neuhoff sind im Vorzimmer' (I, 11), 'Der Herr Graf möchten selbst gern sprechen' (I, 14), 'Befehlen Herr Hofrat ein Auto?' (III, 1), 'Wie meinen die Komtesse?' (III, 3), etc.

Der Antoinette ihrem Mann, this use of a dative together with a possessive takes the place in dialect of the standard genitive. Cf. also 'der Edine ihr Höchstes' (II, 1), 'den Männern ihren Charakter' (II, 2), 'dem Stani sein Lebensglück' (II, 12), 'der Helen ihre Tür' (III, 7), etc.

48 *Fünfzehn*, i.e. 1915.

Waldkarpathen, the central part of the Carpathian mountains.

zu dieser Närrin, i.e. to Antoinette.

g'hupft wie g'sprungen, it doesn't matter which.

wenn die Geschichte in eine Form käme, if the whole affair could be settled.

Hans Karl schweigt, the first of many such stage-directions; Hans Karl's silence highlights the insensitivity and the unattractive verbosity of other characters. Cf. I, 6 (p. 53) with Agathe; I, 7 (p. 56) with Neugebauer; I, 8 (pp. 58, 59, 62) and I, 16 (p. 77) with Stani; I, 12 (pp. 67, 68, 69) with Neuhoff; II, 10 (p. 105) with Antoinette.

auf dem Holzweg, on the wrong track.

48 *affichieren*, flaunt.

49 *Sie geht wieder zur Tür, das gleiche Spiel*, Crescence's movements to the door of Hans Karl's study and back constitute a variation on the device of comic repetition (see Introduction). The technique may be traced back to the *commedia dell'arte*, in which the repetition of actions (*lazzi*) was a common comic device. Stani's later repetition of the same movements (I, 13) serves as a comic indication of the similarities in temperament between him and his mother.

zu sous-entendu, by implication, by hints.

50 *Auf die Weise*, in that way; the article has demonstrative force.

I, 6

53 *auf die Letzt*, in the last analysis.

54 *lauft*, dialect form of 'läuft'. Cf. 'fangt' for 'fängt' (I, 8: p. 59), 'blast' for 'bläst' (I, 13: p. 71), 'laßt' for 'läßt' (III, 2: p. 120).

I, 7

55 *Agenden*, papers (literally, 'memorandum-books').

57 *möglichst*, if you possibly can.

Ich werde nachforschen, und wenn es sein müßte, bis Mitternacht, Neugebauer has self-righteously been protesting his altruistic devotion to his (narrow) conception of the call of moral duty. His parting line is a last self-dramatizing declaration of this devotion to duty which effectively rounds off the comedy of the whole scene.

tentiert, tempted.

I, 8

Stani nimmt die Zigarette, but he does not sit down. Similarly neither Crescence (I, 3: p. 49) nor Agathe (I, 6: p. 51) has sat down when offered a chair by Hans Karl. The repetition achieves a comic effect akin to, though less obvious than, that of Stani's repetition of Crescence's movements to and from the door.

chipotiert, irritates.

58 *Aus dem Dixhuitième*, eighteenth-century.

58 *Riesener*, Jean-Henri Riesener (1734–1806), French cabinet-maker noted for his work in the Louis XVI style.

Er sieht seine eigene Hand an, Stani's action forms a visual reminder of the extent of his egocentricity; we are reminded that, far more than Hans Karl now is, Stani is still characterized by the self-centredness of immaturity ('Praeexistenz').

Mamu, Mama.

Bandelei, love-affair. Stani returns to the image of 'Bindung' and rejects its implications, thereby emphasizing that his relationship with Antoinette is merely that of an 'adventure'.

Ça va sans dire, that goes without saying. Stani outdoes even Crescence in his fondness for French phrases.

59 *in der Grünleiten*, here Antoinette evidently has a country-house. The place-name appears to be fictional, but is of a type common in the region of the Vienna Woods: cf. 'Zierleiten' between Sievering and Salmannsdorf to the north-west of Vienna. Etymologically the word is a combination of 'grün' and the Viennese noun 'Leiten' ('slope', 'hillside'), which is derived from the MHG *lîte* ('slope', 'valley'); see J. Jakob, *Wörterbuch des Wiener Dialektes* (1929).

hors ligne, incomparable.

entre parenthèse, incidentally. Properly 'par parenthèse' or 'entre parenthèses'.

du redest wenig... und wirkst so stark, Stani's point is that his uncle does not show off his qualities, and does not need to. If Neuhoff pronounces Hans Karl 'ohne Würde' (II, 13), it is not least because he fails to distinguish between ostentation and merit. Cf. the (very Viennese) definition by Peter Altenberg: 'Würde ist nichts anderes, als so viel zu können, daß man's nicht mehr nötig hat, es zu zeigen!' (*Fechsung*, 1915).

Herrenhaus, the Upper House of the central Austrian Parliament (until October 1918).

60 *Du gehst nie auf die Sache aus...*, cf. Hans Karl's description of Furlani (II, 1): 'Er...tut scheinbar nichts mit Absicht.' Stani associates Hans Karl's elegance with his lack of *Suada*; Hans Karl stresses Furlani's elegance and contrasts his silent act with the (eloquent) *Geist* of the art of conversation. See Introduction.

serios, the standard German form is 'seriös'. Cf. 'odios' for 'odiös' (I, 13: p. 71), 'delizios' for 'deliziös' (I, 16: p. 78), 'monstros' for 'monströs' (II, 10: p. 100) and 'mysterios' for 'mysteriös' (II, 10: p. 101).

61 *der Mann, der kleine Abenteuer sucht, bist du doch nicht mehr*, it is true that Hans Karl is no longer a young adventurer, but he has still to add to the physical fact of 'das Ältersein' the moral decision to renounce the uncommitted standpoint of the adventurer; he is still in what is referred to in *Ad me ipsum* as 'der ambivalente Zustand zwischen Prae-existenz und Leben'.
Rasse, breeding.

63 *Ich brouillier' mich mit ihr*, I'll fall out with her.

I, 10

64 *Flair*, gift (usually neuter).

65 *ein großer Herr*, Stani's repetition of the phrase suggests that he has (to his own satisfaction) placed Hans Karl in one of his 'categories'.

I, 11

66 *guignon*, 'bête noire' (French *guignon*, 'ill luck').

I, 12

67 *Causeur*, conversationalist.

69 *Luxor*, a town in Upper Egypt, situated on the site of ancient Thebes. The temple of Luxor is one of the most famous monuments of Thebes.
Gerade die Männer, in error for '... den Männern'.

I, 13

70 *assurance*, self-respect.

71 *Er hat Geist, aber es wird einem nicht wohl dabei*, Neuhoff's conversation has *obvious* intelligence; it is what Hofmannsthal once described as 'die zweckhafte, ausgeklügelte Rede' (essay on *Die ägyptische Helena*, 1928): his conversation reflects the calculating nature of his mind.
Au fond, fundamentally.
er hat...das Terrain sondieren wollen, he wanted to find out how the land lies (French *sonder le terrain*).

72 *goutieren*, relish.

I, 16

76 *Begreifst du?* Stani entirely misses the irony of Hans Karl's remark and continues to talk solely of himself.

Ich verstehe ja jede Nuance von dir, this confident remark is very similar to several of Hechingen's in Act III, e.g. 'Ich schwör' dir, daß ich jede kleine Nuance, die in ihm vorgehen würde, nachempfinden kann' (III, 2) or 'Ich versteh' dich ja, Kari' (III, 13); and no more than Hechingen does Stani in fact understand the 'nuances' (or even the general drift) of what Hans Karl is feeling.

78 *Graben*, trench.

jünger wie, for 'jünger als'. The confusion of 'wie' and 'als', common in colloquial German of all regions, is especially frequent in Viennese. Cf. 'so viel Taktlosigkeiten *als* Worte' (I, 13: p. 70), etc.

I, 17

79 *retour*, back.

I, 18

épatant, wonderful, breath-taking.

wenn Er ihn appuyiert, if you support him.

80 *Göllersdorf*, a village nearly twenty miles north-west of Vienna.

Weißt du, wie im Hohenbühler Teich..., Ewald Rösch (*Komödien Hofmannsthals*, p. 105) points out that the idea in this passage was first expressed in a diary-note made by Hofmannsthal in 1917: 'Der Gedanke, daß alles Zukünftige schon daliegt, wie die Nymphe im Bade: läßt man das Wasser ab, so tritt die Gestalt hervor.'

81 *Dazu is es halt auch zu spät*, 'is' is a dialect form of 'ist'.

ACT II

II, 1

83 *Der Kari soll sagen...*, once again Hans Karl is silent; Crescence has to repeat her demand that he should agree with her. Cf. Antoinette's despairing cry in II, 10: 'So sagen Sie doch was!'

84 *Türschnallen*, the noun is in the singular, being the Viennese form of 'Türschnalle'. Cf. 'Stiegen' for 'Stiege' below; also 'von unserer *Seiten*' (II, 6: p. 98).

Präpotenz, presumption.

85 *ihr sprechts*, the form 'sprechts', 'genierts', etc., in the second person plural (for 'sprecht', 'geniert', etc.) is Viennese.

von die Leut', this use of the accusative for the dative plural is colloquial Viennese. Cf. 'mit die nackten Füß'' (II, 6: p. 98), 'zu die vierzehn Nothelfer' (III, 7: p. 134).

86 *outrieren*, to exaggerate.

Lazzi, comic business (i.e. 'pieces of clowning'; the term is derived from the *commedia dell'arte*).

man hat sich ins Zeug gelegt, um brillant zu sein, Altenwyl is a representative of the old aristocratic society which *Der Schwierige* affectionately commemorates, and he talks nostalgically of conversation as an art. But the effort he demands should be put into it can only produce an artificially glittering style which, by its very artifice, must undermine any possibility of true communication just as surely as the modern 'Geschäftston' he deplores. This reservation in no way vitiates the *attractiveness* of the polished style which he describes.

87 *machen tät'* = 'machte' (dialect construction).

88 *artig*, this is a term of high praise with Hans Karl, and significantly it is one that he also uses (I, 3: p. 43) of the older members of society. Helene has the courteous manners of a past age; she is without the disagreeable gracelessness of the modern world.

égards, respect.

II, 2

90 *Nachtkastl*, bedside table (a Viennese dialect word, more fully defined by Hügel as 'a longish, narrow chest beside the bed, in which are kept things required for the night').

91 *Semipelagianismus*, semi-Pelagianism (a fifth-century heresy).

Heugasse, the name is fictional.

92 *Die in einer bübischen Presse* —, Brücke's repetition of the phrase he has turned suggests the utter self-satisfaction behind his anger.

93 *tutti quanti*, all the rest of them.

93 *unverwandt*, Brücke's concern is now solely with furthering his
    social ambitions by being introduced to Hans Karl. In his self-
    centredness he pays no more attention to what Neuhoff has said
    than in the earlier passage (pp. 92–3) where they more obviously
    'talk past' each other.

II, 3

95 *Raffinement*, cunning.
    contenance, self-assurance (French *perdre contenance*).
    Paravent, screen.
96 *sich...menagieren*, keep hold of.

II, 5

98 *Und die Edine bleibt bei mir*, in the 1920 version of the play this
    line reads 'Und die Huberta bleibt bei mir', and there follows a
    longish scene between Antoinette and Huberta, which is re-
    printed in *Lustspiele II* (²1954), pp. 388–92.

II, 6

Tratschen, gossip.
terre à terre, earthy, earthily.
vice versa, Edine's misuse of this simple Latin phrase highlights
the fundamental insecurity of her pretensions to culture.
agacier mich nicht, don't provoke me, don't get on my nerves.

II, 10

100 *der war — zufällig ich*, Hans Karl's disclaimer is prompted by
    modesty—cf. 'Das hat doch jeder getan!' (I, 3: p. 43)—but it
    is seized on by Antoinette as an 'insult'. In fact this remark
    reveals the probable basis for Agathe's bewilderingly inaccurate
    summary of the argument in his letter: '...auf die Letzt ist ein
    Mann wie der andere, und ein jeder kann zum Ersatz für einen
    jeden genommen werden' (I, 6).
101 *Sie halten au fond...alles für erlaubt*, Antoinette accuses Hans
    Karl of the amorality of the adventurer in its most extreme
    form.
    wie hilflos ein Wesen ist, über das Sie hinweggehen, cf. Helene's

perceptive concern for Furlani's flower-pot: 'Das hält der Blumentopf gewöhnlich nicht aus und fällt hinunter' (II, 1).

101 *Ich habe keins*, Hans Karl is not denying the existence of his conscience but saying that it is clear.

nur das Festhalten-Wollen ist unerlaubt. Nur das Sich-Fest-krampeln an das, was sich nicht halten läßt, Hans Karl's admonition is comparable to the Marschallin's plea to Octavian in the first act of *Der Rosenkavalier:* 'Taverl, umarm' Er nicht zu viel:| Wer allzuviel umarmt, der hält nichts fest.'

102 *du willst mich verkuppeln mit meinem Mann*, in the 1920 version Antoinette is repeating almost verbatim a remark made earlier (in the deleted scene II, 6) by Huberta. The wording is also echoed by Jaromir in *Der Unbestechliche* (IV, 2): 'Ah, Sie empfehlen mir meine Frau!'

103 *Einmal und für alle Male*, the idiomatic phrase brings out well the contrast Hans Karl intends between the lasting devotion (and responsibility) of marriage and the adventurer's (irresponsible) concern with the moment only.

104 *eine Ehe und ein Heiligtum*, Hofmannsthal's reverence for the institution of marriage is nowhere explained more fully than in this conversation between Hans Karl and Antoinette. Cf. Hofmannsthal's letter to Burckhardt, 10 Sept. 1926 (quoted in Introduction, p. 2); also a deleted passage in the manuscript of *Cristinas Heimreise:* 'Ich muß das Sakrament der Ehe das Ehrwürdigste von allen Sakramenten nennen' (quoted by Martin Stern, 'Hofmannsthals verbergendes Enthüllen', *Deutsche Vierteljahrsschrift für Literaturwissenschaft und Geistes-geschichte*, XXXIII, 1959, p. 47).

105 *So willst du mich zugleich loswerden und doch in deiner Macht haben...*, not only are the motives Antoinette ascribes to Hans Karl those of the most unscrupulous of 'adventurers': she also implies that he is acting with a degree of calculating 'Absicht' which we know to be foreign to his nature.

II, 11

106 *Der Moment ist ja alles...*, now Antoinette herself professes the creed of the aesthete, adopting a viewpoint which she has

accused Hans Karl of trying to maintain: 'Wir sind halt am nächsten Tag auch noch da. Das paßt euch halt schlecht, solchen wie du einer bist' (p. 102).

106 *Ich hab' so ein schlechtes Gedächtnis*, cf. the aesthete Andrea in *Gestern*, who protests that the present must be free of the past: 'Das Gestern lügt und nur das Heut' ist wahr!'

II, 12

107 *das Definitive*, Hans Karl seems resolved to approach Helene not merely on Stani's behalf but also adopting Stani's standards. This helps to explain his uncharacteristic loquacity in II, 14.

II, 13

108 *Diese nichtsnutzige, leere, süße Musik...*, in its tactless phrasing, Neuhoff's remark is comparable to his earlier words to Hans Karl: 'Sie würde er in drei Sitzungen treffen' (I, 12). The vapid waltzes seem appropriate to him because he sees Helene as typical of Viennese society; she herself recognizes how inappropriate the music is to her (and Hans Karl's) character: cf. II, 14 (p. 114).

Helene sagt nichts, Helene's reaction to Neuhoff is strikingly similar to Hans Karl's. Cf. also pp. 109, 110, 111 (*Helene schweigt*).

Das war ein nobler Gedanke, in the 1920 version of the play, Helene continues: 'Vielleicht —', then pauses, and Neuhoff takes up his cue: 'Vielleicht könnte man seine Frau werden...' This is one of the very few instances of a passage in which Hofmannsthal's revision of his original text may be held to have had a detrimental effect on the consequentiality of the dialogue.

109 *Ihr habt dem schönen Schein alles geopfert*, 'Ihr' = 'You Viennese'. Neuhoff is now openly contrasting the characteristics of the Viennese and the North Germans.

vergeistigen, true to the 'geringe Begabung für Abstraktion' which Hofmannsthal saw as characteristic of the Viennese, Helene dismisses Neuhoff's turn of phrase as obscure.

110 *Pfui über die Weichheit...*, Neuhoff's contempt for 'Weichheit'

and his talk of his own 'superiority' suggest that his thought follows quasi-Nietzschean lines. Cf. his dismissal of Hans Karl as 'schlaff' (and in the 1920 version his affirmation that Hans Karl is 'ohne Würde. Würde ist bei der Kraft.') In III, 4, he boasts to Antoinette of possessing 'Güte, die in der Kraft wurzelt'.

111   *Sie verwechseln die Nuancen*, Neuhoff, a representative of what he calls 'unsere absichtsvolle Welt' (I, 12), has no feeling for nuance; cf. Hofmannsthal's note in *Ad me ipsum* describing Hans Karl's position 'in einer nuancenlosen Welt'.

aigrieren, to embitter.

ohne Hintergedanken, the motif of *Absicht* again.

II, 14

113   *Ich brauchte nie nachzudenken, woran ich mit mir selber bin*, in the 1920 version this sentence is missing; in its place Helene says, 'Ich weiß, was ich bin. Ich bin eine Fassade, hinter der niemand wohnt.' This original version has a sardonic ring which is not in keeping with Helene's character; it is also an inaccurate description of her. The revised text is less explicit, but we may form our own conclusions about Helene's 'anständiges, ruhiges Benehmen' from what she has already said about her *Artigkeit*: 'Meine Manieren sind nur eine Art von Nervosität, mir die Leut' vom Hals zu halten' (II, 1).

spleenig, eccentric.

solfèges, solfeggios.

115   *ich habe alles in der Welt...schon einmal gedacht*, Hans Karl has expressed a similar thought (stimulated by the same subject) in I, 18 (p. 80).

ja, wer könnte denn das erzählen! Hans Karl despairs at the apparently insuperable difficulty of expressing his experience in words. His present feelings are shared by the heroine of *Silvia im 'Stern'*: 'Mir ist manchmal, als ob alle Worte, die's gibt, nur dazu da wären, daß man sich damit verwirrt.'

116   *ich lass' Sie gar nicht sitzen*, paronomasia is too ostentatious a form of wit to be indulged in frequently in the discreetly elegant milieu of the salon, and this is the only pun in the play:

Helene does not leave Hans Karl as he sits and talks, nor does she (nor will she) withdraw her support from the man she loves.

117 *und werden wie ein Mensch*, it is of this process of 'becoming one' in mature love that Hofmannsthal uses the term *Verwandlung* in the *Ariadne-Brief* (1912).

daß ich noch einmal heirat', that I may still marry one day.

bouleversiert, upset.

ich attendrier' mich, I become emotional.

118 *auskramen*, to parade.

keine Hand findet die andere, this movement of the two figures (similar to that described in the last lines of Hofmannsthal's poem *Die Beiden*, 1896) makes a fine visual effect: their failure to contact each other's outstretched hands represents plastically their failure in the past scene to achieve the inner communication which they both desire.

ich bin ja so glücklich, the ending of each of the acts in *Der Schwierige* illustrates at a purely comic level the central theme of misunderstanding. Here Crescence's misunderstanding of the situation quickly transforms the whole atmosphere, allowing the gathering tension to dissolve in laughter; her tears of happiness —tears shed in blissful misunderstanding—form a fitting comic counterpart to the tears which Helene and Hans Karl have been fighting back.

ACT III

III, 1

119 *Cachenez*, scarves.

III, 2

120 *Du warst ja sehr pressiert*, you were in a great hurry.

121 *Schampus*, bubbly.

sich nichts merken zu lassen, Stani's principal concern is with appearances, and especially with the maintenance of his own dignity.

123 *large*, generous.

mit einem leichten Handgelenk, Hans Karl has evidently talked to Hechingen in terms similar to those he has used (in support of a rather different argument) to Antoinette in II, 10 (p. 101). Hofmannsthal's use of *leicht* is idiosyncratic; cf. the Marschallin's lines in the first act of *Der Rosenkavalier*: 'Leicht muß man sein: | mit leichtem Herz und leichten Händen, | halten und nehmen, halten und lassen...'

123   *au pied de la lettre*, literally.

      Tenue, bearing (i.e. dignified bearing).

124   *Sympathie*, liking.

      bras dessus bras dessous, arm in arm.

      extra, separately.

III, 3

125   *Miß*, i.e. an English companion.

126   *Wie alt war ich, Wenzel, wie Sie hier ins Haus gekommen sind?*, note the emphasis on Wenzel's long service: he is to Altenwyl's household what Lukas is to Hans Karl's. The sharp contrast between the attentive loyalty of these old servants and the attitude of Vinzenz is one of the features of the play which contribute most to its effectiveness as a nostalgic picture of the society of pre-1914 Vienna.

III, 4

      daß mich wer angelogen hat, i.e. Hans Karl.

127   *Wie Sie sich echauffieren!*, a passage of dialogue which originally followed here but was deleted in the final revision of the play is reprinted in *Lustspiele II* (²1954), 393–4.

128   *Dépit*, resentment.

III, 5

130   *daß mich das crispiert*, that that gets on my nerves.

      Will ihre Hand nehmen, for the third time Hechingen tries to take Antoinette's hand and fails. His movements are suggestive in much the same way as Hans Karl's and Helene's vain attempt to reach each other's hands in II, 14 (p. 118). In this case Hechingen's repeated attempts to take Antoinette's hand underline comically the failure of his efforts to capture either her affection or even her interest.

III, 7

133   *stante pede*, at once (German *stehenden Fußes*).

      mich...au courant zu setzen, to put me in the picture.

134   *invitiert*, leads.

      die vierzehn Nothelfer, the fourteen Holy Helpers (a group of saints, also known as the Auxiliary Saints, who are prayed to for intercession at times of critical need).

      mach' ich Renonce, I revoke.

135   *daß ich für sie verloren bin*, characteristically, Stani's interpretation of the situation is based on an automatic assumption of his own desirability.

      sie hat sich dann an die Helen heranfaufiliert, then she sneaked up to Helene.

      fumo, pride.

      als daß ich Ihn wollt' einer Familie oktroyieren, for me to want to force you on any family.

III, 8

139   *Gasse*, street. 'Gasse' is the normal Viennese word for streets other than main thoroughfares.

140   *Helene schüttelt den Kopf*, in the 1920 version Helene replies: 'Das ist mir auferlegt.' The deletion of this remark, so that Helene remains silent, is a characteristic example of Hofmannsthal's procedure in his final revision of the play (see Introduction).

      alle wieder im Stich lassen, for '...im Stich gelassen'.

      keine große Freundschaft für keine, no great friendship for any of them. The double negative is a colloquialism.

      Es wär' mir nicht dafür gestanden, it wouldn't have been worth it.

III, 10

143   *Ich hab' Ihr gesagt...*, in fact Hans Karl has *not* previously declared in so many words that he refuses to explain anything; the remark to which he refers was deleted in the final revision of the text. At the end of the previous scene, where Crescence says 'Bitte! aber du wirst mir doch erklären —', Hans Karl

164

replies in the 1920 version: 'Ich bitt' um Verzeihung, aber ich werd' gar nichts erklären.'

143 *konterkariert*, thwarted.

III, 12

145 *Gebhardtskirchen*, the name is fictional.

III, 13

146 *Freyung*, a square situated some 350 yards north of the Imperial Palace ('Hofburg'), and connected to the Michaelerplatz (which contains the main north-eastern entrance to the Hofburg) by the 'Herrengasse'.

sich herauszuwursteln, to wriggle out.

...*ein kolossales Mißverständnis*, the following passage about the speech Hans Karl is reluctant to make (down to 'Das simple Faktum, daß man etwas ausspricht, ist indezent') was added by Hofmannsthal in his final revision of the play in 1920–1. In the equivalent passage in the original version Hechingen merely continues his verbose farewell, speaking of Hans Karl's 'definitive Einsamkeit'.

147 *sich an mich...heranzupirschen*, to creep up on me.

148 *Abnegation*, self-denial.

III, 14

149 *tant bien que mal*, after a fashion.

sans mot dire, without a word.

Die Gäste stehen überrascht, the final tableau of *Der Schwierige* has an obvious *bildhaft* quality, capturing in plastic form a last example of comic incomprehension; but the very formation of a tableau accords ill with the conversationally natural style of the play, and can consequently seem rather stiff and artificial in performance.